Das neue Münster

Münster in Fotos von 1950 bis 1965

Zum neuen Münster gehörten auch die ersten Wohnhochhäuser, so wie dieses am Hohen Heckenweg. Es war Anfang der 1960er Jahre bereits bezogen. Bei den Bewohnern handelte es sich zu dieser Zeit vor allem um gut situierte Beamte und Freiberufler, die einen modernen Neubau mit Zentralheizung sowie eigenem Bad und Balkon schätzten.

Herausgegeben vom
Stadtmuseum Münster

Axel Schollmeier

Das neue Münster

Münster in Fotos von 1950 bis 1965

Inhalt

Neues Münster! Ein Vorwort

Die Kriegszerstörungen haben Münsters Stadtbild einen bleibenden Schaden zugefügt – von der mittelalterlichen und barocken Stadt sind nur noch Spuren originaler Bausubstanz erhalten geblieben –, die meisten Baudenkmäler wurden stark oder sogar vollständig zerstört. Doch suchte man in Münster für den Wiederaufbau einen Weg zwischen Tradition und Moderne: Wenigstens der Grundriss der alten Stadt aus der Vorkriegszeit sollte bewahrt werden und Münsters „gute Stube" im äußeren Erscheinungsbild wiedererstehen. Später wurden sogar einzelne barocke Gebäude wie die Clemenskirche und der Erbdrostenhof in ihrer Innengestaltung mit Stuckaturen und Wandmalereien rekonstruiert. Andernorts – und dies betrifft fast alle großen Städte im Westen unserer Republik – zerstörte man die Vorkriegsstruktur zugunsten einer autogerechten Stadt fast vollständig.

Die Fotografien aus der unmittelbaren Nachkriegszeit hinterlassen auch bei den heutigen Betrachterinnen und Betrachtern ein ungläubiges Staunen darüber, dass der Wiederaufbau so schnell geschafft wurde. In dem vorliegenden Band kann man Schritt für Schritt die Neubauprojekte nicht nur in Münsters Innenstadt, sondern auch in den umliegenden Stadtteilen verfolgen. Es entstanden auch Neubauten, die aufgrund ihrer architektonischen Qualität noch heute dem guten Bauen der 1950er Jahre zugerechnet werden können wie die ehemalige Landwirtschaftskammer oder das städtische Theater. Das sogenannte Wirtschaftswunder hat diesen unerwartet schnellen und nachhaltigen Bauboom nicht nur in Deutschland ermöglicht. Er verdrängte Schrecken und Elend des Zweiten Weltkriegs und verlieh den Deutschen in der unmittelbaren Nachkriegszeit ein neues Selbstbewusstsein.

Das Buch „Das neue Münster. Münster in Fotos von 1950 bis 1965" macht mit seinen rund 150 Aufnahmen aber auch die gravierenden Eingriffe in den nur noch wenig umfangreichen historischen Baubestand deutlich. Es zeigt, wie insbesondere in den 1960er Jahren Gebäudereste oder sogar unversehrt gebliebene Gebäude – z. B. die alte Bezirksregierung oder die Stadtkasse – für Neubauten, wie sie überall in der Bundesrepublik zu finden sind, abgerissen wurden. Und so ist auch zu erkennen, abgesehen von zahlreichen Neubauvierteln, wie intensiv das Stadtbild der Innenstadt nach dem Krieg umgestaltet wurde.

Das Vermessungs- und Katasteramt der Stadt Münster erteilte die Erlaubnis, den aktuellen offiziellen Stadtplan für das Buch und die Ausstellung zu nutzen, Dank an Herrn Michael Schröder; das Bauordnungsamt der

Stadt Münster und Herr Stefan Jung von der Westfalen AG waren mit Auskünften behilflich. Ebenso herzlich möchte ich den Leihgebern, die durch die Bereitstellung vieler Fotografien diese Präsentation ermöglicht haben, meinen Dank für ihr Vertrauen aussprechen.

Herrn Dr. Axel Schollmeier gilt vor allem mein Dank. Der stellvertretende Museumsleiter hat sich wieder mit großer Intensität und Präzision der Erforschung der städtischen Topografie verschrieben. Um die Einordnung der historischen Fotografien aus den Jahren 1950 bis 1965 zu erleichtern, hat Herr Robin Thier das heutige Aussehen der jeweiligen Standorte im Bild festgehalten. Den Personen, die dafür den Zugang zu Gebäuden eröffnet haben, sei ebenfalls gedankt. Die Schülerpraktikantin Hannah Peters und die studentische Praktikantin Jenny Johne haben das Buch durch Recherchen unterstützt. Darüber hinaus hat Frau Johne neben umfangreichen Recherchen die Verortung der Blickrichtung auf einem heutigen Stadtplan eingetragen, die zweite Möglichkeit, die Veränderungen auch örtlich genau nachzuvollziehen. Frau Dr. Edda Baußmann hat wie immer präzise Korrektur gelesen. Unsere Fotoabteilung hat wie jedes Jahr die digitale Bildgestaltung umgesetzt: Mein Dank gilt Herrn Tomasz Samek, Herrn Andreas Reimer und Herrn Robin Thier.

Allen Leserinnen und Lesern dieses Buches wünsche ich viele neue Erkenntnisse bei dieser Darstellung der Stadttopografie Münsters.

Dr. Barbara Rommé
Direktorin des Stadtmuseums Münster

Das neue Münster

Das Stadtmuseum Münster verfügt in seiner umfangreichen Sammlung über einen Bestand von rund einer halben Million historischer Fotos. Die meisten Aufnahmen stammen von dem münsterischen Pressefotografen Willi Hänscheid (1919–1999), dessen umfangreiches Archiv das Stadtmuseum 1998 erworben hat. Die Aufnahmen Hänscheids aus den 1950er und 1960er Jahren halten in zahlreichen Bildern das münsterische Stadtbild in dieser Zeitspanne fest. Trümmergrundstücke, Abrisse und Neubauten bilden einen Schwerpunkt seiner fotografischen Arbeit. Eine Auswahl dieser Aufnahmen stellt den Grundstock für dieses Buch dar. Sie wird ergänzt durch Bilder aus anderen Fotosammlungen des Stadtmuseums und durch Aufnahmen aus Privatbesitz. Bauliche Veränderungen des Stadtbilds gehören zum normalen Wandel der Zeit, aber wohl kaum jemals zuvor oder danach wurde in Münster so viel gebaut wie in den Jahren von 1950 bis 1965.

Wiederaufbau nach 1945

Nach den Zerstörungen des Zweiten Weltkriegs stand man in Münster wie vielerorts in Deutschland auch vor einer Frage, die es zuvor kaum so gegeben hat: Wie soll der Wiederaufbau nahezu vollständig zerstörter Innenstädte erfolgen? Die Voraussetzungen in den einzelnen Städten waren äußerst verschieden, und auch Architekten und Städteplaner hatten unterschiedliche Vorstellungen.

In Münster beschritt man wie in vielen anderen deutschen Städten einen Mittelweg zwischen Tradition und Moderne. In mehrfacher Hinsicht war dieser Weg den Umständen der Zeit geschuldet, die eine pragmatische Herangehensweise an die bestehenden Probleme sinnvoll erscheinen ließ: Gegen eine vollständige Änderung des bisherigen Stadtgrundrisses sprach neben den gültig gebliebenen Eigentumsverhältnissen die meist rasch mögliche Instandsetzung der städtischen technischen Infrastruktur wie der Wasser-, Strom- und Gasversorgung.

In Münster hatte es angesichts der zunehmenden Zerstörung der Stadt noch während des Kriegs erste Planungen für den Wiederaufbau gegeben. An die Spitze der münsterischen Bauverwaltung wurde im Sommer 1945 der in Münster aufgewachsene Architekt Heinrich Bartmann berufen, der in Amerika, Köln, Hamburg, Bremen – kurzzeitig auch in der westfälischen Provinzialhauptstadt – tätig gewesen und nicht in Verstrickungen mit den Machthabern des nationalsozialistischen Deutschlands geraten war.

Im Mai 1946 verhängte die Stadt eine einjährige Bausperre, die für die Altstadt bis 1949 verlängert wurde. Ziel dieser Bausperre war es nicht etwa, jegliche Bautätigkeit zu unterbinden, sondern sie im Sinne des Allgemeinwohls lenken zu können. So hatte man seitens der städtischen Baubehörden die Grundlage geschaffen, den Wiederaufbau Münsters vorausschauend planen zu können. Im November 1945 hielt Bartmann bei der Sitzung des Allgemeinen Beirats des Oberbürgermeisters ein Grundsatzreferat, in dem er die Aufgaben und die Gliederung der städtischen Bauverwaltung beschrieb. Wegen der besonderen Verpflichtung gegenüber der Altstadt sollte ein Baupflegeamt mit einem Stadtbaupfleger an der Spitze eingerichtet werden. Das Bauordnungsamt hatte den Baupfleger für alle Bauten innerhalb der Altstadt hinzuzuziehen, und das Baupflegeamt musste dem Stadtplanungsamt die Bebauungspläne der Altstadt für einen gemeinsam zu erstellenden Grundplan liefern. Als zentrale Leitidee der münsterischen Stadtplanung hielt er fest: „Der Grundriß der Altstadt ist zu erhalten. Änderungen dürfen nicht zu einer Verwässerung der räumlichen Gestaltung führen." Ein Jahr später ergänzte er als Grundlage für den Wiederaufbau der Innenstadt: „Den Grundakkord für den Aufbau geben die erhaltenen Gebäude. Die Neubauten sollen den Maßstab und den Rhythmus dieser Gebäude aufnehmen. ... Ziel der äußeren Gestaltung ist das schlichte, jedoch nicht innerlich-ärmliche Gewand unserer Zeit. Stilistische Maskeraden und modische Formen sind in gleicher Weise abzulehnen. Ergänzungen al-

Luftbild von Südosten, 1957

ter Bauten sind mit größter Sorgfalt durchzuführen." Nach mehrjährigen Vorbereitungen und umfangreichen Planungen verabschiedete der Rat der Stadt 1949 schließlich den „Neuordnungsplan". Grundsätzlich blieb die Entscheidung, den Altstadtgrundriss und das darauf basierende Raumgefüge zu bewahren, weiterhin gültig, dennoch wurden auch innerhalb der Promenade folgenreiche Straßendurchbrüche und -verbreiterungen festgelegt. Eine umfangreiche Neuordnung des bisherigen Straßenverlaufs und -zuschnitts erfolgte etwa im sogenannten neuen Schulviertel zwischen der neu angelegten Überwasserstraße und der Frauenstraße. Dort und auch an den weiteren verbreiterten und neuen Straßen entstand anstelle der kleinteiligen, noch mittelalterlich geprägten Bebauung eine neue geschlossene, meist traufständige Wohnblockbebauung.

Das neue Stadtbild

Noch stärker als der Wohnungsbau haben die neuen Gebäude für Schulen und die Universität das Gesicht in der Altstadt und den angrenzenden Gebieten verändert. Schon die Liste der innerhalb der Promenade oder in unmittelbarer Nähe errichteten Schulneubauten ist wie auch der damit verbundene Flächenbedarf erheblich: Freiherr-vom-Stein-Gymnasium (früher Hindenburgplatz), Paul-Gerhardt-Realschule (Jüdefelder Straße), Hildegardisschule (Neubrückenstraße), Staatliche Ingenieurschule (Lotharinger Straße), Annette-von-Droste-Hülshoff-Gymnasium (Grüne Gasse), Mariengymnasium (Hermannstraße), Gymnasium Paulinum (Am Stadtgraben). Im Westen des Domplatzes prägten neue Universitätsgebäude wie das Fürstenberghaus, das Juridicum, die theologischen Fakultäten und das 1964 begonnene Hörsaalgebäude am heutigen Schlossplatz das Stadtbild.

Paul-Gerhardt-Realschule, Jüdefelder Straße, 1958

Obwohl Münster nach 1945 seine Rolle als Provinzialhauptstadt verloren hatte, behielt der öffentliche wie private Dienstleistungsbereich die zentrale Bedeutung für die weitere wirtschaftliche Entwicklung der Stadt, was nicht zuletzt die zahlreichen wiederaufgebauten oder neu errichteten Verwaltungs- und Behördenbauten belegen. Neben der Landwirtschaftskammer (Schorlemerstraße) und weiteren Neubauten landwirtschaftlicher Verbände im Umfeld sind als Beispiele für die erste Hälfte der 1950er Jahre noch die neuen Gebäude des Landschaftsverbands zwischen Freiherr-vom-Stein-Platz, Fürstenberg- und Karlstraße sowie der Provinzial-Versicherung

Verwaltung der Vereinigten Elektrizitätswerke Westfalen, Herwarthstraße, um 1965

und der Landesbank an der Warendorfer Straße, der Landesversicherungsanstalt am Bispinghof, des Landeskulturamts an der Stubengasse zu nennen wie ebenso die Bundesbahndirektion an der Bahnhofstraße und der erste Neubau des Kreishauses an der Königsstraße. Als weitere Großbauten folgten dann der weitflächige Verwaltungskomplex der Stadt hinter dem Rathaus und an der Klemensstraße, das Amtsgericht an der Gerichtsstraße sowie die Verwaltung der Vereinigten Elektrizitätswerke Westfalen an der Herwarthstraße und das Landesversorgungsamt an der Von-Vincke-Straße oder das Iduna-Hochhaus am Servatiiplatz und das Kreishaus – heute Stadthaus II – am Ludgeriplatz. In den späten 1950er Jahren setzte dann mit dem Gebäude der Westdeutschen Lotterie GmbH an der Weseler Straße die Verlagerung von großen Verwaltungsneubauten in Bereiche außerhalb der Innenstadt ein.
Auf die Gestalt der Innenstadt wirkten sich natürlich auch die Großbauten für den Handel oder die Kultur aus. An erster Stelle sind hier die 1958 und 1962 fertiggestellten Kaufhäuser Karstadt und Horten zu nennen, die in hervorgehobener Lage und auf großer Fläche das neue Stadtbild nicht weniger prägten als das 1956 eröffnete neue Stadttheater.

Das historische Straßengefüge und der Prinzipalmarkt

Entscheidend für das münsterische Stadtbild war die Erhaltung des mittelalterlichen Straßengefüges im Stadtzentrum. Um den Domplatz liegt ohne

Veränderung zum Vorkriegszustand ringförmig der Prinzipalmarkt mit den Verlängerungen Rothenburg, Drubbel, Bogenstraße und Spiekerhof sowie den davon abzweigenden Radialstraßen wie der Aegidii-, Königs-, Ludgeri- und Salzstraße sowie dem Alten Fischmarkt. Und natürlich hätte sich der Charakter Münsters entscheidend geändert, wäre die Promenade nicht als für Fußgänger und Fahrradfahrer reservierter Grüngürtel um die Altstadt erhalten geblieben.
Die von Architekten und Stadtplanern in der Nachkriegszeit immer wieder als Leitmotiv verwendeten Kategorien wie Schlichtheit und Wahrhaftigkeit wurden auch in Münster aufgegriffen: Man war sich darüber klar, das durch den Krieg zerstörte und einstmalige Stadtbild nicht wiedererschaffen zu können. Als Ausnahmen galten allerdings wichtige historische Gebäude wie Rathaus und Stadtweinhaus, die Altstadtkirchen und das Schloss. Eine besondere Entwicklung fand jedoch am Prinzipalmarkt statt. Hier wurden die Eigentümer tätig, ohne auf eine städtische Gesamtplanung zu warten. Voraussetzung war, dass die alten Grundstückszuschnitte erhalten geblieben waren und Teile der alten Substanz genutzt werden konnten. Als Ausnahme im bundesdeutschen Wiederaufbau entstand – in der Folge auch im Zusammenwirken mit dem städtischen Baupflegeamt – eine Raumrekonstruktion mit einer deutlichen und gewollten Anlehnung an den

Prinzipalmarkt, Dezember 1958

Prinzipalmarkt vor der Kriegszerstörung, was damals in der Fachwelt als „ganz große Maskerade" oder „vorbildliche Heimattümelei" heftig kritisiert wurde. Aus heutiger Sicht ist dieser Konflikt kaum noch nachvollziehbar. Letztlich bewahrheitete sich, was der damalige Architekt und Stadtplaner Konstanty Gutschow bereits 1948 vorhersagte: „Wird die Stadt Münster diese Tat unbekümmert um das Schelten all derer durchführen, die jegliche

Berechtigung zu solchem Tun leugnen, so wird die Stadt damit doch ein Werk vollbringen, für das eines Tages auch das übrige Deutschland dankbar sein wird."

In den an die Altstadt angrenzenden Bereichen entstand etwa im Bahnhofsumfeld oder im stark zerstörten Südviertel mit Neu- und Großbauten oder großflächiger Wohnblockbebauung ein vollkommen neues Stadtbild, das aber weitgehend von der Verwendung der heimischen Baumaterialien Ziegelstein und Sandstein geprägt war. Andere im späten 19. Jahrhundert entstandene Stadtteile wie etwa das Kreuzviertel konnten aufgrund der geringeren Zerstörung ihr bisheriges Gesicht weitgehend erhalten. Hier wirkte sich erst in den 1960er Jahren der Abbruch erhaltener Bausubstanz negativ aus.

Wohnungsbau und Stadtplanung in den 1950er und frühen 1960er Jahren

Eins der drängendsten Probleme bestand nach Kriegsende in der Schaffung von neuem Wohnraum. Nahezu zwei Drittel des Wohnraums waren vernichtet oder schwer beschädigt. Nach städtischer Schätzung lebten bei Kriegsende nur noch etwa 23.500 Menschen in der Stadt. Doch bereits wenig später setzte durch in die Stadt zurückkehrende Menschen und den Zuzug von Flüchtlingen aus der sowjetischen Besatzungszone und Vertriebenen aus den ehemaligen deutschen Ostgebieten ein starkes Wachstum der Bevölkerung ein. Bei der ersten Volkszählung nach dem Krieg im Jahr 1946 lebten bereits 87.384 Menschen in der Stadt, und im Mai 1948 war die Schwelle von 100.000 Einwohnern überschritten. In den 1950er Jahren stand Münster an der Spitze der am schnellsten wachsenden Großstädte in Nordrhein-Westfalen. Im Jahr 1955 war die Bevölkerung auf über 150.000 angestiegen und zehn Jahre später auf über 190.000. Rund ein Viertel davon waren Vertriebene und Flüchtlinge.

Nach Kriegsende wurden neben Instandsetzungsarbeiten nur gering zerstörter Wohnungen zunächst Not- und Behelfsunterkünfte errichtet, die als kurzzeitige Behausung dienen sollten, aber in Mecklenbeck und Gievenbeck teilweise bis in 1960er Jahre bestehen blieben. Erst nach der Währungsreform im Jahr 1948 setzte eine nennenswerte Neubautätigkeit ein, die seit 1950 durch das „Erste Wohnungsbaugesetz" der Bundesregierung öffentlich gefördert wurde und einen deutlichen Aufschwung nahm. Das Land Nordrhein-Westfalen vergab zudem Darlehen an Wiederaufbaugemeinschaften von Eigentümern zum kostengünstigen Wohnungsbau. In Münster entstanden 1951 an der Graelstraße die ersten acht Häuser einer Wiederaufbaugemeinschaft mit insgesamt 73 Wohnungen. Bis zum Ende der 1950er Jahre waren rund 4.000 Wohnungen durch solche Gemeinschaften errichtet worden. Weitere gemeinnützige Wohnungsbaugesellschaften der Stadt wie das Deutsche Heim – heute Wohn + Stadtbau GmbH – und von öffentlichen Arbeitgebern wie etwa der Bundesbahn sowie von genossenschaftlichen und gewerkschaftlichen Baugesellschaften

Pötterhoek-Grundschule, Pötterhoek, um 1965

errichteten einen erheblichen Teil der über 26.700 neuen Wohnungen, die zwischen 1950 und 1965 in Münster fertiggestellt wurden.

Nach mehrjährigen Vorarbeiten verabschiedete der Rat der Stadt 1960 den von Wilhelm Wortmann erarbeiteten Leitplan, der die Grundlage für die Bebauungspläne der 1960er Jahre bildete. Er sah die Nutzung freier Flächen innerhalb der vorhandenen vorstädtischen Bebauung etwa durch die Siedlung Pötterhoek und die Anlage neuer und klar begrenzter Siedlungsgebiete wie der Aaseestadt und in Coerde vor.

Damit setzte eine örtliche Verlagerung von Großbauten und neuen Siedlungen in Gebiete außerhalb der bisherigen Bebauung ein: Die Universität begann vor allem in Richtung Gievenbeck zu wachsen, wo zugleich auch zahlreiche Wohngebäude entstanden. Verwaltungsbauten gaben etwa der Weseler Straße ein völlig neues Gesicht, und mit der Aaseestadt und Coerde wurden vollkommen neue Stadtteile im Sinne des neuen städtebaulichen Leitbilds der gegliederten und aufgelockerten Stadt errichtet.

Zum Wiederaufbau der Stadt gehörte auch eine vorausschauende Verkehrsplanung. Noch Ende der 1940er Jahre legte der von der Stadt beauftragte Verkehrsplaner Max-Erich Feuchtinger sein Gutachten vor, das mit einigen Änderungen in den Neuordnungsplan der Stadt von 1949 übernommen wurde. Da man zu diesem Zeitpunkt noch nicht mit einer schnellen Motorisierung in Deutschland rechnete, wurde ein besonderes Gewicht auf den öffentlichen Nahverkehr durch Straßenbahn und Oberleitungsbusse gelegt. Für Münster empfahl Feuchtinger aufgrund der geringen Höhenunterschiede in der Stadt durchaus richtungsweisend die Anlage von Radwegen im gesamten Stadtbereich. Ansonsten sah sein Plan wenige, aber leistungsstarke Hauptverkehrsstraßen vor.

Nach ständig steigenden Zahlen der Motorisierung und entsprechenden Prognosen für die Zukunft beauftragte die Stadt Anfang der 1960er Jahre den Verkehrsplaner Kurt Leibbrand mit der Erstellung eines „Generalverkehrsplans", der aber erst 1969 beschlossen wurde. Darin wurde der Ausbau des Straßennetzes mit einem dreigliedrigen Tangentensystem in den Mittelpunkt gestellt.

Münster aus der Luft

Tradition und Moderne des münsterischen Wiederaufbaus sind in diesem Luftbild aus dem Jahr 1957 gegenwärtig. Die Kirchen sind mit Ausnahme des alten Westportals vom Dom rekonstruierend wiederaufgebaut, und der Prinzipalmarkt ist als Neuschöpfung in Erinnerung an den kriegszerstörten Vorgänger wiederentstanden. Als moderne und bis heute bedeutende Architektur der 1950er Jahre entstanden das Stadttheater und der Kiffe-Pavillon, die links und rechts am oberen Bildrand zu sehen sind. Die genaue Datierung des Fotos ergibt sich aus den bereits vollendeten und noch im Bau befindlichen Gebäuden.

Einen ungewohnten Blick über das neue Landeshaus des Landschaftsverbands Westfalen-Lippe in Richtung Süden gibt dieses Luftbild aus dem Jahr 1957 wieder. Unten ist links der Bildmitte der weitflächige Garagenhof mit Tankstelle zu erkennen, der aus einem zur Karlstraße gerichteten Randgebäude mit zwei Pavillons und dem dahinter liegenden Mittelteil mit dem auf Pilzstützen ruhenden markanten Dach besteht. Er stammt wie auch der Wiederaufbau des Landeshauses von dem Architekten des Berliner Olympiastadions Werner March. Anfang 2010 gab es Spekulationen über einen Abriss der mittlerweile unter Denkmalschutz gestellten Anlage. Oberhalb des Landeshauses liegt links die ebenfalls von March entworfene Erweiterung der Landesbank.

Erst auf den zweiten Blick erkennt man, dass auch das Mauritzviertel stark von den Zerstörungen des Zweiten Weltkriegs betroffen war. Die großen Verwaltungs- und Militärgebäude unten links waren verschont geblieben, doch in dem Wohngebiet zwischen Hohenzollernring und Wolbecker Straße erkennt man neben den Bauten aus dem frühen 20. Jahrhundert viele Neubauten der 1950er Jahre oder noch bestehende Baulücken. Oben sieht man den Bahnhofsbereich und links das Hafengebiet.

Dieses Luftbild zeigt den Südwesten Münsters mit Blick über den Aasee in Richtung Zentrum im Sommer 1957. In der Bildmitte sieht man den Neubau der Pädagogischen Akademie, der in diesem Jahr bezogen wurde. Darunter liegt die Gärtnerei Dahlmann, die erst in den 1970er Jahren dem Ausbau des Aasees und der Anlage neuer Grünflächen gewichen ist. Links endet die Torminbrücke in dem noch unbefestigten Kardinal-von-Galen-Ring. Auch der Kolde-Ring ist noch nicht angelegt. Im Hintergrund hat man rechts einen schönen Blick über das Pluggendorf-Viertel.

Dieses Luftbild aus dem Jahr 1958 hält den Stand des Wiederaufbaus in der östlichen Innenstadt fest. Links unten sieht man die Königsstraße und darüber das wenige Jahre später abgerissene Gebäude der Regierung am Domplatz. In der Bildmitte unten verläuft die Ludgeristraße, am rechten Bildrand befindet sich das neue große Verwaltungsgebäude, an dessen Stelle heute das Hanse-Carré steht. Darüber erkennt man noch große Freiflächen, die teilweise nur wenig später mit dem Karstadt-Kaufhaus, dem Stadthaus I und dem Parkhaus an der Stubengasse überbaut wurden.

Wie dieses Luftfoto zeigt, war der Bahnhofsbereich im Jahr 1958 noch mitten in der Wiederaufbauphase: Nur ganz wenige Gebäude haben den Krieg überstanden, Neubauten und Trümmergrundstücke prägen den gesamten Bereich. Im Hintergrund erkennt man das neue Direktionsgebäude der Bundesbahn, während sich das Empfangsgebäude noch im Bau befindet. Auch die Bebauung um den Bahnhofsvorplatz steckt mit Ausnahme des Postgebäudes noch in den Anfängen.

Bei dieser Aufnahme reicht der Blick vom heutigen Schlossplatz über das Coesfelder Kreuz in Richtung Gievenbeck. Ganz unten in der rechten Bildhälfte erkennt man den damaligen Neubau des Freiherr-vom-Stein-Gymnasiums. Auf dem Schlossplatz befindet sich noch eine Anzahl von Baracken und Nissenhütten. Der hintere Abschnitt der Von-Esmarch-Straße und der Bereich um das Coesfelder Kreuz sind im Jahr 1958 noch weitgehend unbebaut.

1950–1955

Zwischen Schorlemer-, Brockhoff- und Engelstraße entstanden in den frühen 1950er Jahren mehrere Gebäude für landwirtschaftliche Verbände. Dazu gehörte auch dieser Neubau, der neben den Eigentümern noch weitere Vereine und Einrichtungen landwirtschaftlicher Prägung beherbergte. Neben diesem bereits 1950 fertiggestellten Gebäude wurde kurz darauf die Landwirtschaftskammer errichtet. Das Foto hält den Blick von der Rückseite auf die Engelstraße fest. Um 2008 wurde der zur Brockhoffstraße gerichtete Gebäudeteil – im Foto rechts – aufgestockt und vollständig umgebaut.

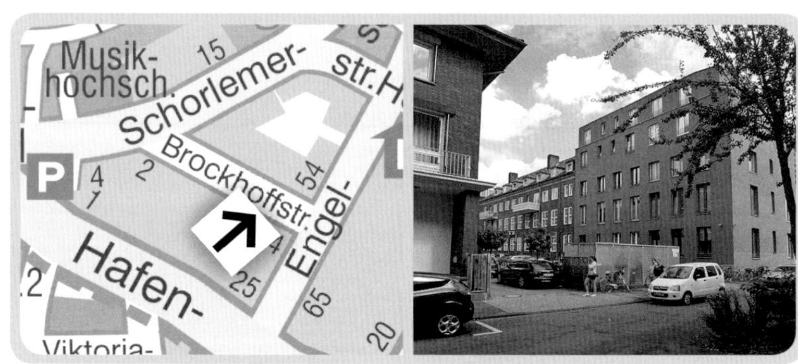

Die Datierung dieser Aufnahme in die frühen 1950er Jahre ergibt sich durch die Antoniuskirche rechts im Hintergrund und die Möglichkeit, von dem Standpunkt des Fotografen auf der Von-Kluck-Straße überhaupt auf sie schauen zu können. Der im August 1953 begonnene Neubau der Marienschule machte diesen Blick später unmöglich. Der 1943 fertiggestellte Von-Kluck-Bunker steht noch heute unmittelbar neben dem bischöflichen Gymnasium. Die auf dem Foto daneben zu sehenden Baracken wurden hingegen im Rahmen des Schulneubaus abgerissen.

Das Foto aus den frühen 1950er Jahren zeigt einen Bereich des Alten Steinwegs, in dem sich bis heute alles verändert hat. Links im Bild ist das im Krieg nur gering beschädigte Gebäude der Sanitär-Großhandlung Waltermann zu sehen, daneben die gerade bis zum Erdgeschoss reichenden Wiederaufbauten mit einer sehr modern als Launderette bezeichneten Reinigung und der Uhren-, Gold-, Silber- und Besteckhandlung Simons sowie der Firma Gummi-Stricker. Die Gebäude wurden 2007 abgerissen, um dem neuen Parkhaus am Alten Steinweg Platz zu machen. Im Vordergrund finden gerade Aushubarbeiten für die rückwärtige Erweiterung des Gebäudes an der Salzstraße 20 statt.

Bei diesem Foto aus den frühen 1950er Jahren fällt die Orientierung zunächst schwer. Ganz rechts erkennt man das Haus Alter Steinweg 33, eines der wenigen, das den Zweiten Weltkrieg an dieser Straße überstanden hat. Von dem Klostertrakt der Dominikanerkirche standen nur noch einige Umfassungsmauern aufrecht. Sie wurden 1957 abgebrochen, um Neubauten für Polizei, Landesbehörden und das Sozialgericht zu errichten. Nur der unmittelbar an die Kirche angrenzende Giebel des Klosters zur Salzstraße hin konnte erhalten werden.

Auf den ersten Blick könnte man fast meinen, dass diese Aufnahme aus der Zeit vor dem Zweiten Weltkrieg stammt. Einzelne Baulücken und die veränderte Fassade des weitgehend stehengebliebenen Eckgebäudes der Westfälischen Central-Genossenschaft machen neben den Autos und den nur undeutlich zu erkennenden Ruinen rechts im Hintergrund aber deutlich, dass diese Aufnahme der Rothenburg in Richtung Prinzipalmarkt aus den frühen 1950er Jahren stammt.

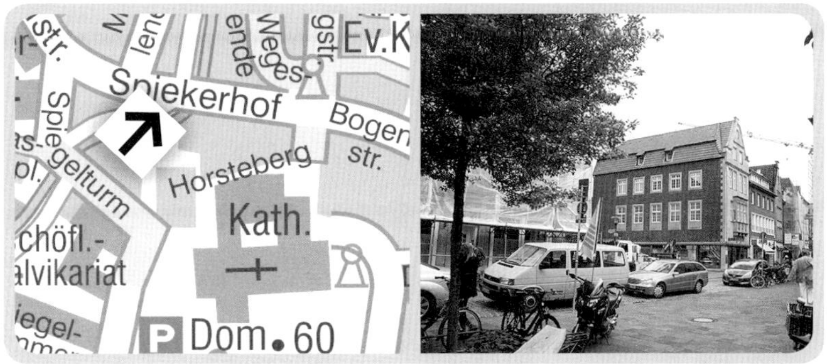

Einen ungewohnten Blick auf den Spiekerhof zeigt dieses Foto vom Anfang der 1950er Jahre. Die Straße ist in voller Breite aufgerissen, damit eine neue Brückenkonstruktion über die Aa entstehen konnte. Die anschließenden Häuser rechts und links mit den Miele-Ausstellungsräumen und der traditionsreichen Rahmenhandlung Ludwig Brinkmann haben den Zweiten Weltkrieg weitgehend unbeschadet überstanden. In dem Gebäude rechts außen befand sich im Erdgeschoss bereits wieder ein Lebensmittelgeschäft, während die Obergeschosse noch eine Ruine waren.

Die im Jahr 1951 entstandene Aufnahme zeigt den Prinzipalmarkt in Richtung Süden. Links an der Ecke zur Salzstraße ist das Kaufhaus Kluxen zu erkennen, dessen Wiederaufbau lediglich bis zum ersten Obergeschoss vorangeschritten war. Die Westseite der „guten Stube" Münsters ist hingegen schon fast vollständig neu errichtet worden. Aus heutiger Sicht erscheint es kaum noch vorstellbar, dass dieser Wiederaufbau mitunter vor allem in Architektenkreisen als provinzielle Heimattümelei belächelt wurde.

Selbst wenn man die Gebäude nicht sofort erkennt, macht die Reklameschrift links deutlich, dass hier die Ecke von Piusallee und Warendorfer Straße aufgenommen wurde. Im April 1951 ist die Engel-Apotheke noch in einem Behelfsbau untergebracht, ganz rechts ist der erhaltene Altbau der damaligen Landesbank für Westfalen zu sehen, dem ein neuer, im Rohbau fertiggestellter Erweiterungsbau zur Warendorfer Straße hin angefügt wurde. Im Jahr 2005 wurde dieser Anbau wieder abgerissen und durch einen zurückgesetzten, parallel zum denkmalgeschützten Altbau orientierten Neubau ersetzt.

Um 1952 entstand diese Aufnahme an der Ecke von Loergasse und Altem Steinweg, wo sich eine Selbstbedienungsfiliale der Lebensmittelhandlung Eklöh befand. Im Hintergrund blickt man auf die rückwärtige Bebauung der Salzstraße und die Dominikanerkirche. Herbert Eklöh, dem die sechs gleichnamigen Lebensmittelgeschäfte in Münster als eigene Gesellschaft gehörten, zählt zu den prägenden Figuren der bundesdeutschen Wirtschaftsgeschichte nach 1945 und begründete den späteren Douglas-Konzern.

Anstelle der im Zweiten Weltkrieg vollständig zerstörten Gebäude entstand an der Ecke von Wolbecker Straße und Sternstraße in den Jahren 1952/1953 das Arbeitsamt Münster als einer der ersten und größten neuen Behördenbauten. Nachdem die Arbeitsagentur das Gebäude 2008 geräumt hatte, entstanden dort nach einem Umbau bis 2010 insgesamt fünfzig Mietwohnungen.

Die 1952 und 1953 fertiggestellten Gebäude an der Bismarckallee 21–23 nach der Abzweigung der Körnerstraße dürften in der Mitte der 1950er Jahre den Wunschtraum vieler Münsteranerinnen und Münsteraner widergespiegelt haben: ein Neubau in bester Lage am Aasee mit Garten oder Balkon und eigenem Bad. Angesichts der schnell wieder ansteigenden Einwohnerzahlen und des während des Zweiten Weltkriegs in großem Umfang zerstörten Wohnraums blieb der Wohnungsmangel eins der größten Probleme bis weit in die 1960er Jahre.

Gemeinhin gelten Landwirte nicht als Wegbereiter der Moderne. Doch in Münster war das Hauptgebäude der Landwirtschaftskammer Westfalen-Lippe – der landwirtschaftlichen Selbstverwaltungskörperschaft – der erste moderne Stahlskelettbau in Münster nach dem Zweiten Weltkrieg. Heute gehört der von Walter Hämer und Werner Ruhnau entworfene und 1953 bezogene Verwaltungsbau an der Schorlemerstraße zu den wichtigsten Beispielen moderner Nachkriegsarchitektur in der Stadt.

Zumindest bis zum Erdgeschoss war der im Foto von um 1953 festgehaltene Bereich der Ludgeristraße weitgehend wiederaufgebaut. Auch das rechts zu sehende Eckhaus zur Windthorststraße wurde kurze Zeit später fertiggestellt. Davor befand sich bis in die 1990er Jahre das im Krieg unzerstörte Haus mit der Schuhhandlung Stupperich. Deutlich wird die große Beliebtheit von Neonreklame, die zu diesem Zeitpunkt offenbar noch nicht durch die städtische Altstadtsatzung verboten war.

Der Blick des Fotografen führte um das Jahr 1953 entlang der Grevener Straße etwa von der Abzweigung des Meßkamps stadtauswärts. Rechts im Bild ist die im Bau befindliche Anlage der Gemeinnützigen Wohnungsgesellschaft Nordwestdeutschland (GWN) mit über sechzig Neubauwohnungen zu sehen. Weitere Wohneinheiten lagen im rückwärtigen Bereich zur Kinderhauser Straße. Die 1927 gegründete GWN vermietete früher nur an Angehörige der Reichs- oder später der Bundesbahn und besitzt noch heute über 1.700 Wohnungen in Münster.

Das um 1953 aufgenommene Foto zeigt den Wiederaufbau des Geschäfts- und Wohnhauses Roggenmarkt 7, in dem bereits vor dem Krieg und dann bis 2011 das Modegeschäft Mannefeld ansässig war. Die rechts anschließenden Häuser lagen bereits an der Bogenstraße. Die Aufnahme macht auch deutlich, wie mühsam und mit welchen einfachen Hilfsmitteln zu dieser Zeit ein mehrstöckiger Wiederaufbau vonstatten ging.

Aus heutiger Sicht ist es kaum vorstellbar, dass dieses Foto um 1953 mitten in Münsters Zentrum entstand. Der Fotograf stand auf dem Trümmergrundstück der Galenschen Kurie an der Pferdegasse und blickte in Richtung Schloss. Ganz links ist der Treppenturm an der Nordfassade der Jesuitenkirche zu erkennen und dahinter der erste Bauabschnitt des Juridicums. Rechts daneben sieht man Wohnhäuser am Krummen Timpen. Auf der großen eingezäunten Fläche hatten bereits die ersten Vorbereitungen für den Neubau des Fürstenberghauses begonnen. Dahinter sieht man die Freiflächen zu beiden Seiten der Aa.

Das Gebäude links der Bildmitte hat sich bis heute kaum verändert. Noch immer reicht das Haus Frauenstraße 11, in dem bis jetzt eine Bäckerei untergebracht ist, nur bis zum ersten Obergeschoss. Damit ist klar, dass das Foto von 1953 von der Frauenstraße kurz vor dem Abzweig des Krummen Timpens links und der Jüdefelderstraße rechts aufgenommen wurde. Die in Richtung Schloss anschließende Teilruine wurde hingegen später vollständig wiederaufgebaut. Dahinter ist der Neubau des Lourdesklosters der Missionsschwestern von der Unbefleckten Empfängnis der Mutter Gottes zu sehen.

In der zweiten Reihe der Wienburgstraße befindet sich noch heute diese Häuserzeile mit damals 21 Wohnungen, die 1953 von dem Bauunternehmer Theodor Schneider errichtet wurden und ihm auch gehörten. Wer in den 1950er Jahren in einen solchen Neubau einzog, konnte sich angesichts der großen Wohnraumknappheit glücklich schätzen.

Dieser Blick vom Anfang der Hammer Straße in Richtung Stadtmitte zeigt die umfangreichen Zerstörungen ebenso wie den erst langsam vorangehenden Wiederaufbau in diesem Bereich. So sind erst die Häuser Hammer Straße 3 auf der rechten Seite sowie die Hausnummern 6 und 6a auf der linken Seite in voller Höhe aufgebaut. Rechts sieht man zudem noch einige bis zum Erdgeschoss reichende provisorische Bauten. Im Adressbuch von 1953 findet sich als nächster Eintrag erst wieder die Hausnummer 22: Die dazwischenliegenden Grundstücke waren noch nicht wieder bebaut.

Ohne die Domtürme im Hintergrund wäre diese Aufnahme von der Bergstraße in Richtung Spiekerhof kaum zu lokalisieren oder zu datieren. Das Foto muss im Hochsommer 1953 entstanden sein, da zu diesem Zeitpunkt die Stahldachkonstruktion am Nordturm des Doms angebracht wurde. In der Mitte des Fotos befindet sich der Platz, auf dem zuvor das Kiepenkerl-Denkmal stand, das nur wenig später im September 1953 wiederaufgestellt wurde. Das links zu sehende, bereits wiederaufgebaute zweigeschossige Eckhaus wurde später aufgestockt und mit einem Giebel zum Spiekerhof versehen. Dort befanden sich damals die Kurzwarenhandlung Döllz-Kother und das Feinkostgeschäft A. Blanke.

Im Herbst 1953 hatte man diesen Blick vom Beginn der Neubrückenstraße aus auf Lambertikirche und Roggenmarkt. Die Lambertikirche hatte nach den schweren Zerstörungen des Zweiten Weltkriegs zunächst nur ein Notdach erhalten. Im August 1953 wurde mit den Arbeiten für das neue Dach begonnen, die bis zum Ende des Jahres abgeschlossen waren.

An der Ecke der Warendorfer Straße zur Oststraße entstand um 1954 eines der ersten Wohnhochhäuser in Münster mit immerhin acht Geschossen. Wohnraum war immer noch nicht in ausreichendem Maß vorhanden und der Wunsch nach einer neuen Wohnung entsprechend weit verbreitet. Vor dem Neubau befand sich damals noch ein Kiosk mit Zeitschriften und Tabakwaren. Am rechten Bildrand erkennt man die heute noch bestehende Grünfläche, die früher als Linnenbrinks Garten bekannt war.

Vom Alten Steinweg aus war dies um 1954 die Ansicht des Erbdrostenhofs an der Salzstraße. Nach der schweren Zerstörung im Zweiten Weltkrieg blieb die Ruine über Jahre hinweg ohne größere Rettungsmaßnahmen liegen. Erste Sicherungsarbeiten wurden 1949 mit städtischen Mitteln vorgenommen. Bis 1956 konnte nur das Dach fertigestellt werden. Der eigentliche Wiederaufbau, der über zehn Jahre dauerte, begann erst nach Abschluss von längerfristigen Nutzungsverträgen im Jahr 1957. Auch die eingeschossigen Geschäftsbauten blieben noch länger bestehen: der rechts im Bild zu sehende sogar bis in die 1990er Jahre.

Obwohl das Gebäude mit leichten Veränderungen heute noch vorhanden ist, lässt sich diese Aufnahme aus der Mitte der 1950er Jahre nur durch die Hinweise in den Schaukästen lokalisieren. Es handelt sich um eine Ansicht der Achtermannstraße 13. Das Gebäude gehörte Heinrich und Ewald Funnemann, die dort eine kaufmännische Privatschule mit Internat betrieben. Weitere Räumlichkeiten dieser Schule befanden sich an der Bahnhofstraße. Dieser Bereich war im Zweiten Weltkrieg weitgehend zerstört worden. Das Trümmergrundstück, von dem aus das Foto aufgenommen wurde, ist bis heute ein Parkplatz.

Etwa zur Mitte der 1950er Jahre war dies der Blick entlang der Hafenstraße in Richtung Bahngleise. Zu beiden Seiten gab es noch zahlreiche Trümmergrundstücke, manche Neubauten reichten nur bis zum Erdgeschoss. In der Hafenstraße 9 war die Sattler- und Polsterbedarfsgroßhandlung Fritz Bell ansässig. Von einigen Ausnahmen abgesehen, erfolgte im Verlauf der 1960er Jahre die geschlossene Überbauung. Nicht ganz klar ist, welche Güter auf dem Foto mit dem Eisenbahnwaggon in die Großhandlung angeliefert wurden.

Mitte der 1950er Jahre begannen die Arbeiten für den ersten Neubau des Freiherr-vom-Stein-Gymnasiums nach dem Zweiten Weltkrieg. Das im Juni 1957 fertiggestellte Gebäude am heutigen Schlossplatz diente dem Gymnasium, bis es im Jahr 2006 den Neubau in Gievenbeck bezog. Das Foto hält den Beginn der Aushubarbeiten im Inneren des Grundstücks fest. Im Hintergrund erkennt man die Rückseite der neuen Wohnblöcke an der Überwasserstraße, die kurz zuvor errichtet worden waren.

An der Wichernstraße entstand Mitte der 1950er Jahre dieser erste Erweiterungsbau des Evangelischen Krankenhauses in Münster. Rechts im Bild sieht man die 1909 eingeweihten Altbauten, an die der Neubau mit einem vorgelagerten Eingangskomplex anschließt.

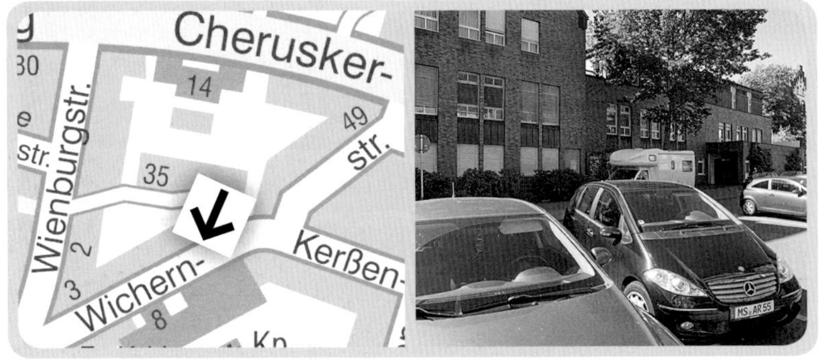

Auch dieses Foto von der Bahnhofstraße aus der Mitte der 1950er Jahre macht den unterschiedlichen Fortschritt des münsterischen Wiederaufbaus deutlich: Das Haus ganz rechts an der Ecke zum Servatiiplatz ist bis zum Obergeschoss fertiggestellt, während das Gebäude davor später noch aufgestockt wurde. Links davon ist das Gebäude der Lebensversicherungs-Aktiengesellschaft Alte Volksfürsorge im Rohbau weitgehend fertiggestellt, während sich davor noch ein Behelfsbau befindet.

Mitte der 1950er Jahre war dieser bis heute bestehende Verwaltungsbau der Westfälischen Provinzial-Viehverwertungsgenossenschaft an der Brockhoffstraße fertiggestellt. Er stand in einem Umfeld, das deutlich von landwirtschaftlichen Verwaltungsgebäuden geprägt war. Im Hintergrund sieht man die damalige Landwirtschaftskammer Westfalen-Lippe, links befindet sich das damalige Gebäude der Kreditanstalt Westfälische Landschaft, rechts an der Engelstraße (nicht im Bild) lagen die Gebäude des Schweinezüchterverbands Westfalen-Lippe, des Westfälischen Pferdestammbuchs und des Westfälischen Rinderstammbuchs der Rotbuntzüchter.

Kaum noch in Erinnerung ist dieser bereits Mitte der 1950er Jahre fertiggestellte Verwaltungsbau des Landes Nordrhein-Westfalen an der Ecke von Stubengasse und Windthorststraße. An seiner Stelle befindet sich nach dem Abriss im Jahr 2007 heute das bereits im darauffolgenden Jahr eröffnete Hanse-Carré. Der Bürobau im typischen Stil der 1950er Jahre beherbergte im Lauf seines nur rund 50-jährigen Bestehens ganz unterschiedliche Einrichtungen: Lange Jahre war dort das Landeskulturamt untergebracht, das 1958 in Amt für Flurbereinigung und Siedlung umbenannt wurde. Zuletzt befand sich in dem Gebäude ein Teil der Bezirksregierung.

Der Namenszug Burghoff & Köbbing und die im Hintergrund zu erkennenden Türme der Lamberti- und Dominikanerkirche lassen den Ort der Aufnahme erkennen: Der Fotograf blickte etwa Mitte der 1950er Jahre auf das erst bis zum Erdgeschoss wiederaufgebaute Eckhaus von Mauritzstraße und dem heutigen Alten Steinweg. Die Firma Burghoff & Köbbing war damals noch vorwiegend als Zweirad- und Motorradhandlung tätig. Links in dem Gebäude befand sich noch eine Tabakhandlung.

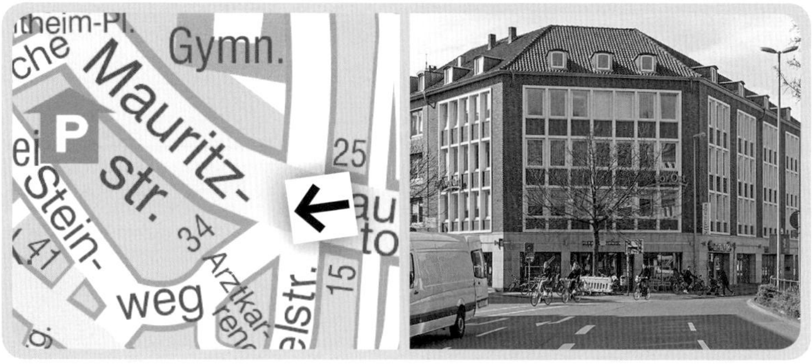

Ein ganz ungewohntes Winterbild zeigt dieses wohl vom Deutschen Studentenwohnheim am Breul in Richtung Dom aufgenommene Foto. Die gerade im Wiederaufbau befindlichen Westjoche der Apostelkirche am oberen linken Bildrand erlauben die Datierung in die Mitte der 1950er Jahre. Im Vordergrund sind noch ehemalige Wehrmachtsgebäude und -baracken zu erkennen. Die kleinen Gebäude hinter der Ruine in der Bildmitte haben sich bis heute erhalten. Das Armenhaus Elisabeth zur Aa rechts mit seiner zur Bergstraße gerichteten Fassade wurde hingegen 1973 abgerissen.

Meterhoch lag im Inneren der Clemenskirche noch bis in die Mitte der 1950er Jahre der Schutt, und auch der Efeubewuchs an der links anschließenden Klosterruine macht deutlich, dass seit Kriegende einige Zeit vergangen war. Ganz links ist bereits ein Neubau am Servatiikirchplatz zu sehen, rechts außen die Abzweigung zu der Tankstelle und den Garagen auf dem rückwärtigen Gelände des späteren Karstadt-Kaufhauses. Mit dem Wiederaufbau der Clemenskirche wurde erst 1956 begonnen. Die Fertigstellung der Innenausstattung dauerte bis 1974.

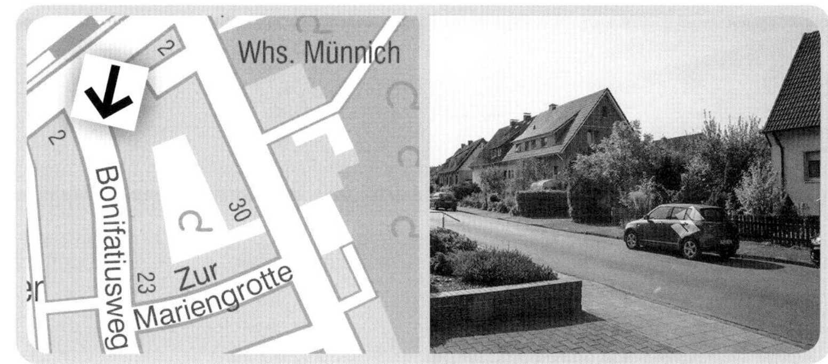

Mitte der 1950er Jahre wurde in Gremmendorf die Siedlung am Bonifatiusweg erweitert. Das in der Bildmitte zu sehende Bauschild gab nähere Auskünfte: Das Heimkehrersiedlungswerk Glaube und Tat errichtete hier vierzehn Doppelhaushälften, die von aus der Kriegsgefangenschaft heimgekehrten Soldaten in organisierter Selbsthilfe mit Unterstützung der Landesversicherungsanstalt Westfalen entstanden.

Dieses wohl 1955 aufgenommene Foto von der Warendorfer Straße entstand zwar anlässlich eines Autounfalls, gibt aber auch den Stand der Bebauung etwa im Bereich zwischen Gereon- und Overbergstraße wieder. Das Haus mit der offenbar bereits eröffneten Gaststätte Rauchfang steht kurz vor der Fertigstellung, davor ist ein Teil einer Ruine zu sehen. Es folgen dann weitere schon in den frühen 1950er Jahren wiederaufgebaute Häuser. Das Hochhaus im Hintergrund ist ebenfalls bereits bezogen.

Der Blick auf diesem um das Jahr 1955 entstandenen Foto führt entlang der Breiten Gasse bis zu ihrer Einmündung in die Krumme Straße. Erst wenige der Trümmergrundstücke waren wieder bebaut. Rechts im Bild sieht man den Neubau der Neuapostolischen Kirche und dahinter den des Altersheims der Cohaus-Vendt-Stiftung. Vor der Ludgerikirche befindet sich links im Bild die Ruine des Beverförder Hofs an der Königsstraße.

Im Jahr 1955 entstand im Universitätsviertel am westlichen Ende der Altstadt dieser Neubau für die Juristische Fakultät der Westfälischen Wilhelms-Universität. Der Entwurf stammt von Hans Malwitz, der als Leiter des Universitätsbauamts den Wiederaufbau der Hochschulgebäude nach dem Zweiten Weltkrieg maßgeblich prägte. Wegen der Anknüpfung der Formen an den Monumentalstil der Jahre nach 1933 war der Bau nicht unumstritten.

Nach langwierigen Verhandlungen und Diskussionen wurde 1954 der Grundstein für das neue Theater gelegt. Die Bauarbeiten an dem Neubau schritten schnell voran. Am 4. Februar 1956, nach weniger als zwei Jahren Bauzeit, hob sich in dem von den jungen Architekten Harald Deilmann, Max Clemens von Hausen, Ortwin Rave und Werner Ruhnau entworfenen neuen Haus zum ersten Mal der Vorhang. Das bei Dunkelheit kurz vor der Anbringung der Skulptur von Norbert Kricke wohl noch im Jahr 1955 aufgenommene Foto verdeutlicht die Transparenz und die Klarheit der Formen dieses in der ganzen Welt viel Aufsehen erregenden Theaters.

1956–1959

Erst in der zweiten Hälfte der 1950er Jahre wurde eine Verbindung zwischen Bergstraße und Voßgasse geschaffen. Das Gelände zwischen Tibus- und Neubrückenstraße war durch Kriegszerstörung und spätere Abrisse weitgehend unbebaut. Über Jahrzehnte bestand hier ein großer Parkplatz, der 1965 noch erweitert wurde. Das Foto zeigt einen Blick auf die Bauarbeiten und im Hintergrund die große Tankstelle und die Hildegardisschule.

Obwohl es sich um ein Gebäude mit beachtlichen Ausmaßen handelt, nimmt man den in der zweiten Hälfte der 1950er Jahre erstellten Neubau des Landesversorgungsamts Westfalen an der heutigen Von-Vincke-Straße selten bewusst wahr. Hinsichtlich der Außengestaltung unterscheidet er sich mit seiner Rasterfassade kaum von Bauten anderer Landesbehörden zu dieser Zeit in Münster. Das Foto ist von der Kreuzung mit der Windthorststraße in Richtung Urbanstraße aufgenommen worden. Die Verbreiterung der Von-Vincke-Straße war zu diesem Zeitpunkt noch nicht erfolgt.

Zu den markantesten Bauwerken der münsterischen Nachkriegsarchitektur zählt der sogenannte Kiffe-Pavillon zwischen Mauritzstraße und Altem Steinweg. Vor allem bei Dunkelheit kamen in der scheinbar transparenten Ausstellungshalle die ausgestellten Automobile der Firma Opel gut zur Geltung. Nach der Fertigstellung des Pavillons im Jahr 1956 nutzten viele Münsteranerinnen und Münsteraner die Gelegenheit, bei einem abendlichen Bummel die neuesten Automodelle im Schaufenster zu betrachten. In Münster wurde Opel in den 1950er Jahren ausschließlich von der Firma Fritz Kiffe vertreten.

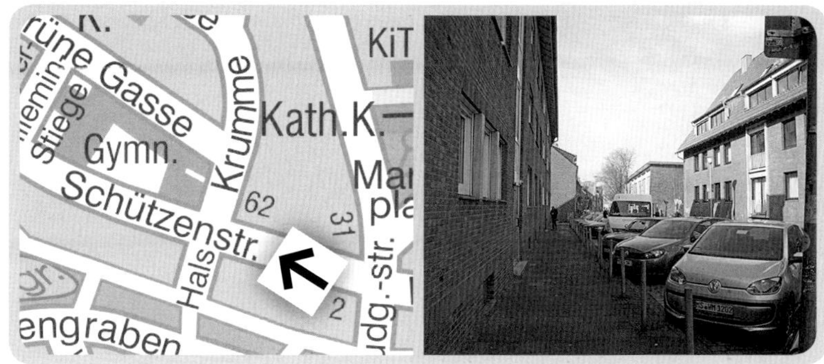

Kaum mit der heutigen Situation in Übereinstimmung zu bringen ist diese Ansicht auf Turnhalle und Unterrichtsgebäude des gerade erfolgten Neubaus für das Annette-von-Droste-Hülshoff-Gymnasium um das Jahr 1956. Die Aufnahme erfolgte von einem Trümmergrundstück an der Schützenstraße in Richtung auf die Abzweigung der Krummen Straße.

Die Häuser in diesem Bereich der Dorotheenstraße waren im Zweiten Weltkrieg weitgehend zerstört worden. Eine Wiederaufbaugemeinschaft mit technischer und finanzieller Betreuung durch die Gemeinnützige Aktien-Gesellschaft für Angestellten-Heimstätten (GAGFAH) baute die Häuser 26 bis 32 wieder auf. Die bereits fertiggestellten Wohnbauten rechts im Hintergrund des um 1956 aufgenommenen Fotos gehörten der GAGFAH.

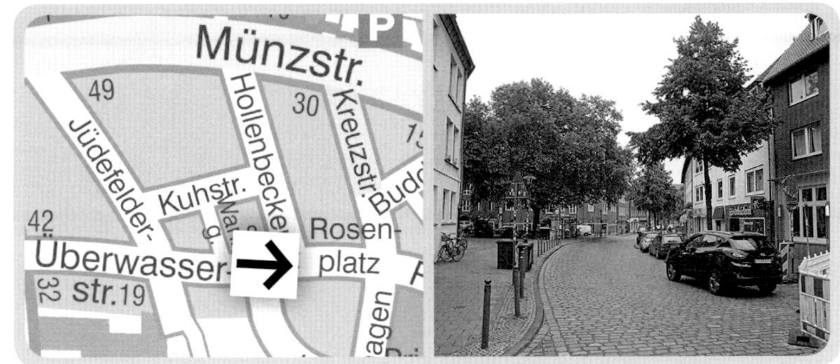

Kaum wiederzuerkennen ist die Aufnahmesituation dieses Fotos aus dem Frühjahr 1956: Man blickt von der neu angelegten Überwasserstraße auf den Rosenplatz. Rechts wird gerade ein einstöckiges Geschäftsprovisorium abgerissen, um den Straßenraum zu begradigen. Das freie Grundstück am Rosenplatz vor dem heute noch stehenden Gebäude in der Bildmitte wurde erst in den 1980er Jahren bebaut.

Von hohen Mauern umgeben war das im Hintergrund zu sehende Gebäude, das zwischen dem Landgericht und dem Neubau des Gymnasiums Paulinum lag. Zum Zeitpunkt der Aufnahme im Mai 1956 war noch nicht mit dem Bau der neuen Straße Am Stadtgraben begonnen worden, die eine direkte Verbindung zwischen Aegidiitor und der heutigen Straße Schlossplatz herstellt. In der Bevölkerung war dieses Gebäude nicht sehr bekannt: Es handelte sich um ein seit 1875 bestehendes Untersuchungsgefängnis und eine Strafvollzugsanstalt für Männer und Frauen. In der Mitte der 1950er Jahre waren dort männliche und weibliche Untersuchungshäftlinge untergebracht.

Als dieses Wohnhaus an der Ecke von Piusallee und Bohlweg im Sommer 1956 fertiggestellt war, stand in der Zeitung, man wohne dort „in der Stadt und doch im Grünen". Tatsächlich war zu diesem Zeitpunkt dieses Gebiet noch relativ wenig bebaut, und es gab noch große Freiflächen hinter der straßenseitigen Bebauung. Die Wohnungen in diesem Wohnhaus waren Eigentumswohnungen, was damals noch eine eher seltene Ausnahme war. Das Wohnungseigentumsgesetz war erst fünf Jahre zuvor eingeführt worden.

Dieser Blick des Fotografen ist heute kaum noch nachzuvollziehen. Er steht in der Baugrube für den im Sommer 1956 begonnenen ersten Abschnitt der neuen Gebäude für die Stadtverwaltung: Man blickt auf die Südseite der Klemensstraße mit dem Hotel Beiderlinden und der alten Stadtkasse, die im Herbst 1960 für den Neubau des damaligen Horten-Kaufhauses abgerissen wurden.

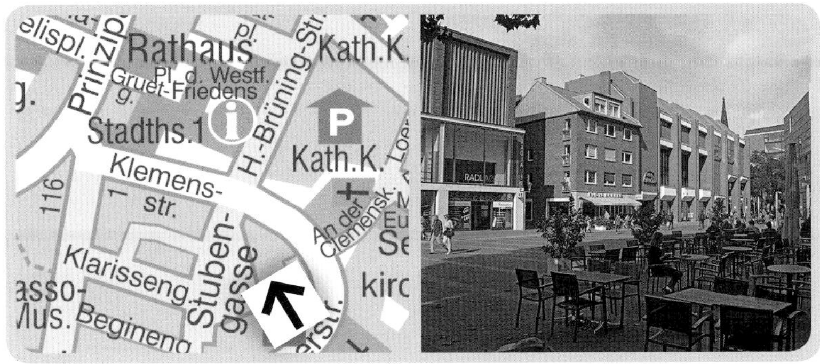

Im Bereich der Stubengasse hatte der Zweite Weltkrieg ein großflächiges Trümmerfeld hinterlassen: Links im Bild sind die Gebäude der Stadtkasse und des Hotels Beiderlinden aus anderer Perspektive zu sehen, die ebenso wie die drei weiter rechts stehenden Gebäude dem Kaufhausbau und seiner späteren Erweiterung weichen mussten. Die genaue Datierung ergibt sich aus mehreren Gründen: Der Turm der Lambertikirche war von 1954 bis 1957 eingerüstet. Da einige der auf dem Foto zu sehenden Fahrzeuge schon die ab dem 1. Juli 1956 eingeführten neuen Kennzeichen tragen und man noch nichts von dem ersten Bauabschnitt des Stadthauses an der Klemensstraße sieht, muss die Aufnahme im Sommer 1956 entstanden sein.

Im Juli 1956 wurde feierlich das Richtfest für das neue Gebäude des Amtsgerichts und der Staatsanwaltschaft an der Gerichtsstraße begangen. Die jahrelange Behelfsunterbringung in ehemaligen Wehrmachtseinrichtungen an der Roxeler Straße fand jedoch erst gut ein Jahr später ihr Ende: Die neuen Räumlichkeiten, die damals fünfeinhalb Millionen DM kosteten, wurden im Dezember 1957 bezogen.

Während der Bauarbeiten zum zweiten Bahnhofsneubau nach 1945 hätte man 2016 fast ein ganz ähnliches Foto aufnehmen können. Diese Aufnahme vom Berliner Platz an der Ecke der Windthorststraße mit Blick auf den Haupteingang entstand vermutlich im Herbst 1956, nicht lange bevor im Dezember mit den Arbeiten an der Mitte 1957 fertiggestellten Empfangshalle begonnen wurde. Ganz rechts erkennt man schon den ersten fertigen Abschnitt des neuen Gebäudes.

Das Foto zeigt den münsterischen Bischof Michael Keller während der Feierlichkeiten zur Wiederherstellung des Doms im Oktober 1956. Über zehn Jahre hatte der Wiederaufbau der im Zweiten Weltkrieg schwer zerstörten Kathedralkirche gedauert. Besonders umstritten war damals die Neugestaltung der Westfassade mit den 16 kleinen Rundfenstern. In der Öffentlichkeit gab es eine erregte Diskussion, in der auch viele Ratsmitglieder der Stadt ihre Ablehnung kundtaten. Im Volksmund wurde dann für die Westfassade der Begriff „Kellerfenster" geprägt, da sich der Bischof durchsetzen konnte.

Mitte November 1956 konnte ein weiteres Richtfest auf einer münsterischen Großbaustelle begangen werden: Nach einjähriger Bauzeit waren die Hals-Nasen-Ohren-Klinik und das Physiologisch-Chemische Institut im Kreuzungsbereich von Kardinal-von-Galen-Ring und Waldeyerstraße im Rohbau vollendet. Allerdings dauerte es noch einige Jahre, bis die Klinik ihren Betrieb aufnehmen konnte.

Die Arbeiten zur Entfernung der Straßenbahnschienen fanden auf der Kreuzung von Warendorfer Straße und Kaiser-Wilhelm-Ring statt. In der links zu sehenden Ruine befanden sich zum Zeitpunkt der Aufnahme um das Jahr 1957 noch eine Lebensmittelhandlung und eine Wohnung. Am Ende des Jahres 1959 war dann bereits das heute noch bestehende Wohn- und Geschäftshaus auf diesem Eckgrundstück fertiggestellt. Dahinter erkennt man das Gebäude der damaligen Erpho-Schule, heute ist es ein Standort des Adolph-Kolping-Berufskollegs.

Ohne den Chorbereich des Doms im Hintergrund würde man kaum auf den Geisbergweg als Ort dieser Aufnahme von Anfang 1957 kommen. Ganz links ist ein Gebäudeteil des Borromäums zu erkennen. In dem davor zu sehenden historischen Gebäude von 1724 war kurz zuvor ein Schalthaus für die Stromumspannung untergebracht worden. Rechts im Bild ist noch das alte Regierungsgebäude zu sehen, mit dessen Abriss im Dezember 1965 begonnen wurde.

Die im Februar 1957 entstandene Aufnahme hält den Abriss der Überreste vom Schützenhof an der Hammer Straße fest, der den Zweiten Weltkrieg nur als Ruine überstanden hatte. Das 1912 erbaute Gebäude war zuvor Münsters größter Fest- und Versammlungssaal, zu dem auch große Außenflächen gehörten. Das Gelände wurde später wieder teilweise überbaut, südlich des alten Schützenhofs entstand jedoch eine größere Grünfläche. Rechts im Hintergrund blickt man auf die Rückseite der heute noch stehenden Häuser in der Augustastraße.

Borgward war in den 1950er Jahren noch eine große deutsche Automarke. Die hohen Verkaufszahlen machten auch entsprechende Werkstätten erforderlich. Im Februar 1957 eröffnete der münsterische Borgward-Vertragshändler Focke & Co. am Schifffahrter Damm das neue Betriebsgelände direkt hinter den Schienen der Bahnlinie nach Telgte. Heute befindet sich hier ein größeres Einkaufszentrum.

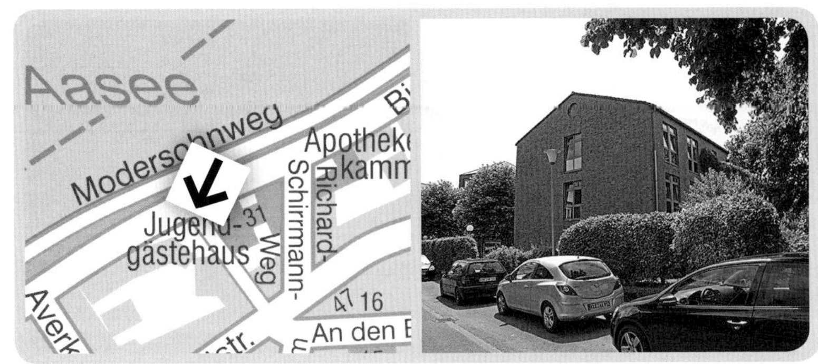

Heute steht an der Bismarckallee bereits der zweite Neubau einer Jugendherberge nach dem Krieg. Der Mitte Februar 1957 eröffnete erste Bau wurde in der Presse damals als „Perle unter den Jugendherbergen" bezeichnet. In dem direkt am Aasee gelegenen Neubau der münsterischen Architekten Bernd Kösters und Herbert Balke standen insgesamt 190 Betten zur Verfügung. Anfang der 1990er Jahre wurde die Jugendherberge abgerissen.

Nach anderthalbjähriger Bauzeit wurde am 1. März 1957 das städtische Altersheim an der Andreas-Hofer-Straße seiner Bestimmung übergeben. Die im Bild zu sehenden ersten Bauabschnitte des später immer wieder erweiterten Altenzentrums Klarastift haben sich mit einigen baulichen Änderungen bis heute erhalten. Nach der Evakuierung während des Zweiten Weltkriegs war das münsterische Altenheim 16 Jahre lang auf Schloss Heessen in Hamm untergebracht.

Im April 1957 war das Bootshaus am Aasee fertiggestellt, in dem der Segel-Club Münster e. V., der Fischereiverein und ein Terrassencafé ihr neues Domizil fanden. Der zweigeschossige Gebäudeteil diente dem Segel-Club, daneben lagen Anbauten für die Bootslagerung von Fischereiverein und Segelschule. Den Abschluss zur Stadt bildete ein Café mit See- und Dachterrasse, das lange Zeit eine der wenigen Gelegenheiten in Münster bot, im Freien zu sitzen. Schon 1959 wurde ein Teil der Dachterrasse überbaut. Im Jahr 2006 wurden die in die Jahre gekommenen Gebäude für die Neubebauung des Ufers abgerissen.

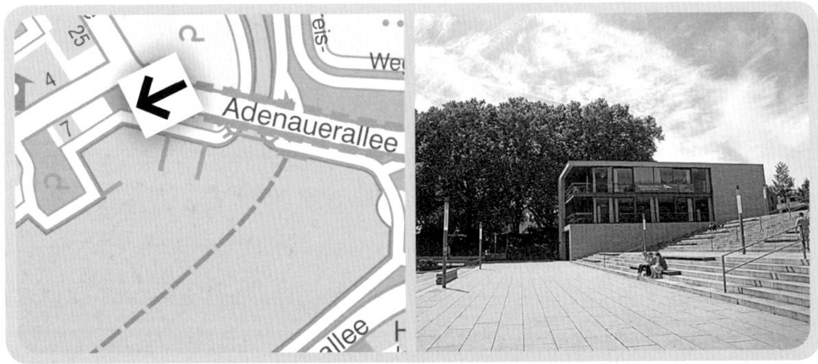

An der Ecke von Ludgeriplatz und Moltkestraße entstand diese markante und bis heute bestehende Gebäudegruppe. Sie umfasste insgesamt fünf Geschäftslokale und 29 Wohnungen, die in den zwei fünfgeschossigen Randbauten und dem zweigeschossigen Verbindungstrakt untergebracht waren. Das Foto entstand kurz nach der Fertigstellung des Neubaus im April 1957.

Im späten Frühjahr 1957 präsentierte sich dieser Abschnitt der Bahnhofstraße von der Urbanstraße bis zum Servatiiplatz mit modernen Wohn- und Geschäftsbauten. War man damals sicherlich zu Recht stolz auf den Wiederaufbau, empfindet man heute die ästhetische Austauschbarkeit dieser neuentstandenen Straßenzüge umso deutlicher. Auf der Straße verkehrten die bereits im Oktober 1949 eingeführten Oberleitungsbusse. Die Straßenbahnschienen hatten keine Funktion mehr und wurden im Mai 1957 entfernt.

Mitte 1957 wurde in der lokalen Presse über die Erweiterung des Priesterseminars am Katthagen berichtet. Den Abschluss zum Rosenplatz bildete das anstelle eines kriegszerstörten Gebäudeteils errichtete sogenannte Turmhaus mit seinen Lehrräumen. Die Sandsteinverkleidung der Fassade wurde aus dem Material des zerstörten Altbaus gewonnen. Ein Wirtschaftsgebäude lag zur Rosenstraße hin, der auf dem Foto rechts zu erkennende Kapellenneubau zum Katthagen. Die 2005 fertiggestellten Neubauten für die Diözesanbibliothek und die Verwaltung des Bischöflichen Generalvikariats stammen von dem Schweizer Architekten Max Dudler.

Im Sommer 1957 wurde das Gebäude der Apothekenkammer Westfalen-Lippe an der Bismarckallee fertiggestellt. Der direkt neben der Jugendherberge gelegene Neubau wurde später mehrfach ergänzt und erweitert. Heute ist das ursprüngliche Gebäude nur noch teilweise zu erkennen.

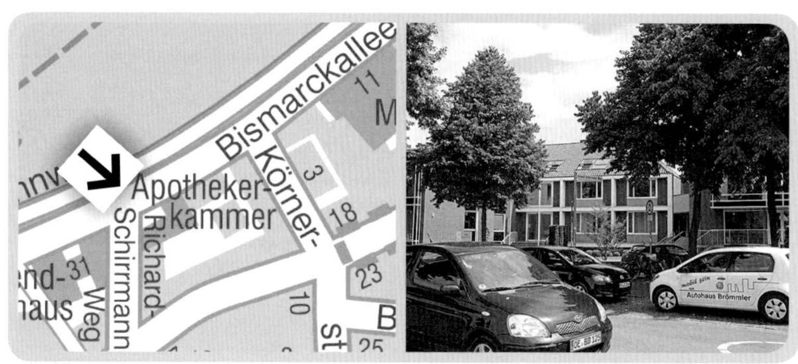

Vom Turm der Herz-Jesu-Kirche hat der Fotograf im Sommer 1957 den Blick in Richtung Osten festgehalten. Im Hintergrund sieht man die Kanalbrücke an der Manfred-von-Richthofen-Straße und die Siedlungshäuser an der Straße Mauritz-Dahl. Das langgestreckte im Bau befindliche Gebäude davor ist die Fürstenbergschule, links daneben erkennt man die gleichfalls noch im Bau befindliche Fürstin-von-Gallitzin-Schule. Im Vordergrund sieht man typische Neubauten der 1950er Jahre.

An der Coerdestraße entstand dieser Neubau des Diakonissen-Mutterhauses. Im Sommer 1957 war der Rohbau bereits weit vorangeschritten. Beide Gebäude werden noch heute von der ESPA, dem Berufskolleg der Evangelischen Sozialpädagogischen Ausbildungsstätte Münster, genutzt.

Das am rechten Bildrand zu sehende Gebäude mit dem Fachwerkgiebel lässt rasch die Warendorfer Straße als Ort dieser Aufnahme vom Sommer 1957 erkennen. Es handelt sich um den Blick von der damaligen Abzweigung des Schifffahrter Damms in Richtung Innenstadt. Der Vergleich zwischen damaliger und heutiger Bebauung macht deutlich, dass nicht wenige Altbauten noch in der Folgezeit abgerissen wurden.

Über ein Jahrzehnt nach Kriegsende bot die Ruine der Observantenkirche an der Schlaunstraße diesen Anblick dar. Doch im Juni 1957 begann die Stadt mit dem Abriss der Behelfsläden auf dem Vorplatz, bald darauf setzten die Arbeiten zum Wiederaufbau als evangelische Universitätskirche ein. Zuvor hatte die Stadt dem Land Nordrhein-Westfalen die Kirche übereignet. Anfang Mai 1961 erfolgte die Weihe der Kirche, deren Innenraum schlicht gestaltet ist.

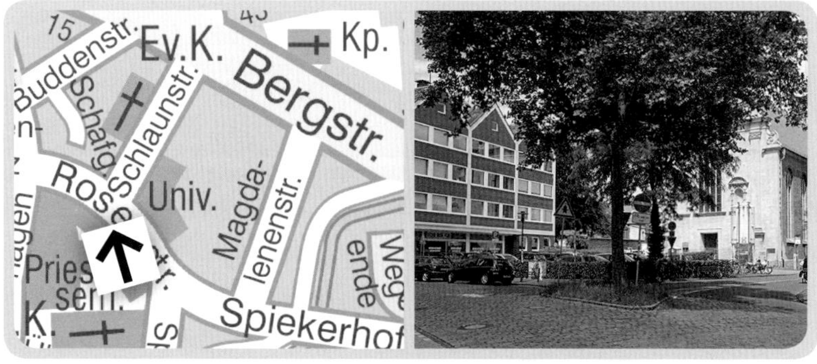

Auf der stadteinwärts gelegenen Seite des Hansarings kurz nach der Kreuzung mit der Schillerstraße wurde im Juni 1957 diese Tankstelle mit Werkstatt und Garagen eröffnet: Es war die erste der Marke Rheinpreußen in Münster, weshalb auch der Direktor des Unternehmens eigens aus Duisburg angereist war. Unter wechselnden Marken blieb die Tankstelle bis weit in die 1970er Jahre an dieser Stelle bestehen. Heute befindet sich dort ein großer Lebensmittelmarkt. Im Hintergrund erkennt man die Bebauung an der Emdener Straße.

Am 28. Juli 1957 fand anlässlich des Diözesantags der Deutschen Kolpingsfamilie eine große Kundgebung in der Halle Münsterland statt. Das Foto zeigt Teilnehmer auf dem Weg zum Veranstaltungsort. Obwohl fast alle der zu sehenden Gebäude heute noch vorhanden sind, erkennt man die festgehaltene Situation kaum: Es handelt sich um den Blick vom Beginn des Albersloher Wegs in Richtung Bremer Straße. Lediglich die eingeschossigen Bauten am linken Bildrand wurden in den frühen 1960er Jahren abgerissen. Dort befand sich bis zur Kriegszerstörung das Empfangsgebäude der Westfälischen Landeseisenbahn, zum Zeitpunkt der Aufnahme die Gaststätte Alter Landesbahnhof.

Neben fehlenden Wohnungen blieb in den 1950er und 1960er Jahren der Schulraummangel ein häufiges Thema der städtischen Politik. Mit der hohen Geburtenzahl und dem starken Zuzug von außerhalb wuchs auch die Zahl der schulpflichtigen Kinder beständig. Bestehende Schulen wurden wiederaufgebaut und erweitert, aber es entstanden auch viele neue Schulgebäude. Nach den Sommerferien konnten die Schülerinnen und Schüler der evangelischen Volksschule im Geistviertel 1957 ihr neues Gebäude beziehen. Bei der feierlichen Übergabe im Oktober hieß die Schule in der lokalen Presse noch Gut Insel nach der gleichnamigen Straße, an der sie lag. Das Kollegium hatte sich zuvor schon für den Namen Matthias-Claudius-Schule entschieden.

Kurz vor dem Bezug des neuen Schulgebäudes entstand Anfang September 1957 dieses Foto des Gymnasiums Paulinum an der neuen und noch nicht fertigen Straße Am Stadtgraben. Man blickt vom Südbalkon des sich in den rückwärtigen Teil des Grundstücks erstreckenden Gebäudeteils auf den Innenhof und den zur Straße gelegenen Flügel. Insgesamt verfügte das Schulgebäude über 23 Klassenräume und acht Sonderräume für Spezialunterricht. Rechts unten erkennt man das Dach der Turnhalle, darüber fehlt noch die 1959 fertiggestellte Aula.

Letztlich bietet nur das Gebäude im Hintergrund auf der linken Straßenseite einen Hinweis auf den Ort dieser im November 1957 entstandenen Aufnahme. Dabei handelt es sich um das alte Finanzamt an der Münzstraße. Alle davorliegenden Gebäude auf dieser Straßenseite wurden bis Mitte der 1960er Jahre abgerissen. Wegen der Straßenverbreiterung wurden die neuen Häuser einige Meter in Richtung Promenade zurückgesetzt. Bei den Gebäuden rechts der Bildmitte handelt es sich um den Stammsitz der Kiesekampschen Mühle in Münster.

Mit dem Abbruch der alten Nordhalle und der davorliegenden Geschäftszeile begann im Winter 1957/1958 der letzte Bauabschnitt für den Neubau von Bundesbahndirektion und Hauptbahnhof in Münster. Aus Kostengründen wurden die alten Gebäude rechts in den Bahnhofsneubau integriert. Letztlich überdauerten die neuen Bahnhofsgebäude nicht viel mehr als gute fünfzig Jahre. Die ohne Zweifel opulenten Neubauten gingen auf den damaligen Chefarchitekten der Deutschen Bundesbahn Theodor Dierksmeier zurück, der aus Münster stammte.

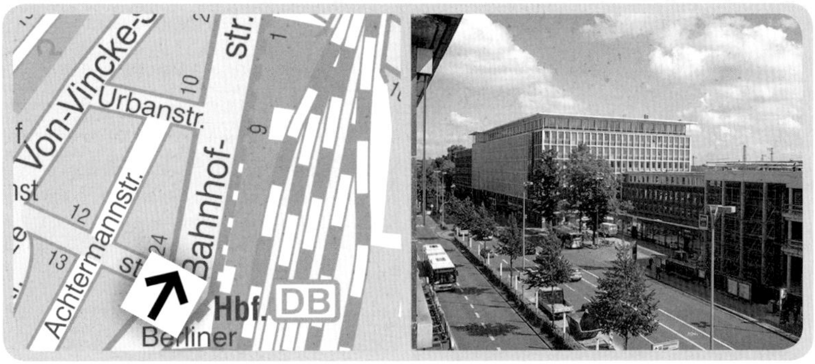

Selbst wenn man den heutigen Sitz der Unternehmenszentrale der Westfalen AG am Industrieweg kennt, käme man kaum auf den Gedanken, dass auch dieses um 1958 entstandene Foto an derselben Stelle aufgenommen wurde. Die links im Bild zu erkennende Erweiterung des Verwaltungsgebäudes war gerade fertiggestellt worden. Sie wurde später noch aufgestockt, während der rechts anschließende Altbau im Jahr 1980 abgerissen wurde.

Dieses vom Turm der Clemenskirche aufgenommene Foto zeigt einen ungewohnten Blick auf die münsterische Innenstadt, in der zum Zeitpunkt der Aufnahme im Jahr 1958 reger Baubetrieb herrschte. Ganz links im Bild sieht man die Baustelle des neuen elfgeschossigen Hochhauses der Stadtverwaltung , des späteren Stadthauses I. Direkt gegenüber liegt die Baugrube des Karstadt-Kaufhauses. Dort hatte sich seit Jahrzehnten eine kaum genutzte große innerstädtische Fläche befunden, die im Volksmund wegen des 1929 mit Aushubarbeiten begonnenen, dann aber eingestellten Kaufhausbaus als „Karstadt-Loch" bezeichnet wurde.

Nachdem 1957 die Ruine des im Zweiten Weltkrieg zerstörten Hotel-Restaurants Fürstenhof geräumt worden war, begannen im Sommer 1958 die Arbeiten für den Neubau, der die etwa 2.000 Quadratmeter große Fläche zwischen Ludgeristraße und Klosterstraße umfasste. Das Foto zeigt die frisch ausgehobene Baugrube des Neubaus, in dem neben einem Kino mit nahezu 1.200 Plätzen und einer Gaststätte Ladenlokale, Verwaltungsetagen und einige Wohnungen untergebracht waren. In damaligen Berichten über das Projekt wurde immer auf die Besonderheit der Tiefgarage für vierzig Fahrzeuge hingewiesen, die für Kino- und Gaststättenbesucher zur Verfügung stand.

Einen ungewohnten Blick in Richtung Hammer Straße und Südstraße hält dieses Foto vom Sommer 1958 fest. Im Vordergrund erkennt man die Neubauten an der stadtauswärts gelegenen Seite von Kloster- und Schützenstraße. Große Teile des Ludgeriplatzes sind noch unbebaut. Lediglich links der Bau zwischen Schorlemerstraße und Hafenstraße sowie rechts das Wohn- und Geschäftsgebäude zur Moltkestraße sind bereits fertiggestellt. Ansonsten sieht man vor allem am Beginn von Hafen- und Südstraße noch zahlreiche Trümmergrundstücke sowie im Hintergrund die Türme der Josephskirche.

Nach dem Zweiten Weltkrieg war das münsterische Rathaus nur noch eine Ruine. Der Stadt fehlte das Geld für einen raschen Wiederaufbau, so dass der münsterische „Verein der Kaufmannschaft" die Initiative ergriff. Aus Spenden und Einnahmen der von dem Verein durchgeführten Rathauslotterie wurden seit der Grundsteinlegung im Jahr 1950 der Wiederaufbau und die neue Innengestaltung finanziert. Unter großer Beteiligung der Bürgerschaft und mit einem großen Festakt wurde der Stadt Münster am 30. Oktober 1958 das neue Rathaus als Geschenk übergeben.

Als im Februar 1959 die Höhe des neuen Stadtverwaltungsgebäudes nicht mehr zu übersehen war, setzte in der Lokalpresse ein Sturm der Entrüstung ein. Nachdem man den Neubau zuvor schon nach dem damaligen Oberstadtdirektor als „Austermann-Obelisk" bezeichnet hatte, folgten nun Artikel und Leserbriefe unter der negativen Schlagzeile „Der Gigant hinter dem Rathaus". So endete ein Artikel am 21. Februar 1959 mit ungewohnt kritischen Worten gegenüber der Stadtverwaltung: „Denn welcher Freund eines ästhetischen Stadtbildes wird angesichts dieser baulichen Brutalität nicht die Frage aufwerfen, ob man in Münster kein architektonisches Fingerspitzengefühl mehr besitzt."

An der Ecke von Servatiiplatz und Eisenbahnstraße befand sich bis zur Zerstörung im Zweiten Weltkrieg das traditionsreiche Hotel-Restaurant Monopol. Auf diesem Foto vom Februar 1959 schaut man auf dieselbe Ecksituation. Links im Hintergrund erkennt man die erhalten gebliebene Bebauung an der Salzstraße, rechts einen Neubau an der Eisenbahnstraße. In der Bildmitte befindet sich der eingeschossige Behelfsbau des Hotel-Restaurants Monopol, der unter Nutzung alter Gebäudeteile der ehemaligen Bierhalle erstellt worden war und kurze Zeit später abgerissen wurde. An seiner Stelle entstand dann das Iduna-Hochhaus mit dem vorgelagerten Pavillon. Der Abriss der anschließenden Ladenzeile erfolgte bald danach.

Der Neubau für die Bezirksdirektion der Vereinigten Elektrizitätswerke Westfalen an der Ecke von Engelstraße und Herwarthstraße kam bereits kurz nach Baubeginn in die Schlagzeilen, als im Juni 1958 eine Spundwand auf einer Länge von rund sechzig Metern einbrach. Im März 1959 konnte dann schließlich das auf dem Foto festgehaltene Richtfest begangen werden. Dennoch dauerte es noch länger als ein Jahr, bis das Gebäude mit der eingeschwungenen Fassade als Gegenstück zum gegenüberliegenden Gebäude der damaligen Landwirtschaftskammer eröffnet wurde. Seit 1990 war in dem Gebäude ein Hotel untergebracht. Nach einem Teilabriss soll 2017 dort ein neues Vier-Sterne-Hotel eröffnet werden.

Aus ungewohnter Perspektive wurde dieses Foto aufgenommen, das den Blick auf die Salzstraße in Richtung Erbdrostenhof zeigt. Zahlreiche Menschen hatten sich am 22. April 1959 versammelt, um dem Richtfest für das neue Karstadt-Kaufhaus beizuwohnen. Über Jahrzehnte hinweg hatten sich auf dem im Volksmund als „Karstadt-Loch" titulierten Gelände nur provisorische Geschäftszeilen befunden. Allerdings war diesem Neubau kein langes Bestehen beschieden: Er wurde bereits nach 25 Jahren wieder abgerissen, um dem Nachfolgebau mit erheblich vergrößerter Grundfläche Platz zu machen.

Im Mai 1959 war die gesamte Höhe des Hochhauses für die städtische Verwaltung ersichtlich. Das von der Klemensstraße aus aufgenommene Foto zeigt die elf Vollgeschosse, auf die offenbar entgegen ursprünglichen Aussagen noch das hohe Kantinengeschoss aufgesetzt wurde. Besonders erregte man sich in der Öffentlichkeit darüber, dass der Bau mit 41 Metern Höhe das 32 Meter hohe Rathaus um einiges überragte.

Obwohl das Eckgebäude in der Bildmitte sich bis heute weitgehend unverändert erhalten hat, wirkt der Blick des Fotografen ungewohnt: Die Aufnahme von Mitte 1959 entstand am Ende des Verspoels in Richtung zur Kreuzung mit der Klosterstraße. Links ist das Gebäude des bis zur Eingemeindung im Jahr 1975 bestehenden Amts St. Mauritz zu sehen, das später aufgestockt wurde. Gegenüber befand sich noch ein Behelfsbau auf einem Trümmergrundstück, auf dem Anfang der 1960er Jahre das heutige Gebäude errichtet wurde. Dahinter erkennt man die Gaststätte Zur Engelschanze.

Kaum wiederzuerkennen, gibt diese Aufnahme vom Juni 1959 die Situation am Servatiiplatz und dem Beginn der heutigen Von-Vincke-Straße wieder. Die beiden rechts zu sehenden Gebäude existieren bis heute, die dazwischen liegende Baulücke war Anfang der 1960er Jahre bereits geschlossen. An der Ecke zum Servatiiplatz befanden sich damals im Erdgeschoss Schauräume von Mercedes-Benz. Im Hintergrund erkennt man in der Bildmitte die Erlöserkirche. In der Presse kritisierte man damals, dass die Gestaltung des Platzes und der Grünanlage unter der neuen Verkehrsführung leide.

Dieses im Juni 1959 aufgenommene Foto ist wohl vom neuen Gasometer an der Umgehungsstraße aus aufgenommen worden. Man blickt von Südwesten über den Albersloher Weg auf die münsterische Stadtsilhouette. Rechts im Vordergrund gibt es noch Bauernhöfe mit großen Freiflächen. Jenseits des Kanals blickt man auf das sich um den Hafen erstreckende erste und lange Zeit einzige Industriegebiet der Stadt. Links erkennt man noch den alten Gasometer vor der Halle Münsterland, der kurz danach abgerissen wurde, dahinter liegen von links nach rechts die Kieskampsche Mühle, der Flechtheim-Speicher und heute von der Firma Coppenrath und als Ateliergebäude genutzte Speicher.

Nicht ganz einfach wiederzuerkennen ist dieser im Sommer 1959 vom Turm der Heilig-Geist-Kirche aufgenommene Blick in Richtung Osten. Die Häuserzeilen auf der linken Seite haben sich bis heute erhalten, während das Eckgebäude rechts im Vordergrund erst vor kurzem durch einen Neubau ersetzt wurde. Das flache Gebäude dahinter mit dem geschwungenen Vorderbau hat sich weitgehend erhalten. Hier befand sich damals ein Fiat-Autohaus mit einer Westfalen-Tankstelle. Im Hintergrund erkennt man die Siedlung Grüner Grund.

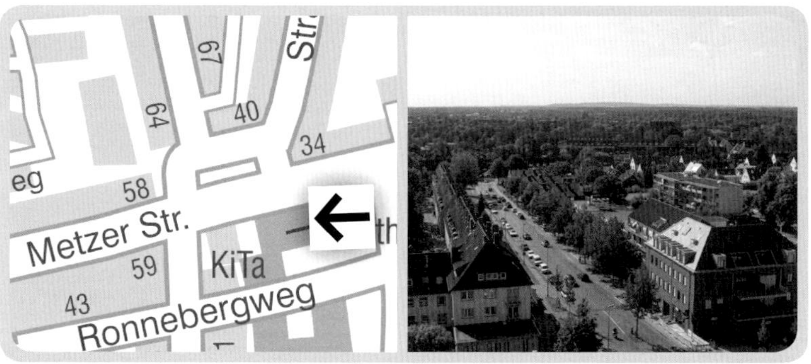

Hier war nach dem Zweiten Weltkrieg ein ganzer Straßenzug nur mit Neubauten entstanden. Man blickt von der Geiststraße den neu angelegten Donders-Ring hinunter in Richtung Weseler Straße. Sämtliche erst kurz vor der Aufnahme im Sommer 1959 fertiggestellten Mietwohnungsbauten auf der rechten Seite waren von dem gewerkschaftseigenen Wohnungsunternehmen Neue Heimat errichtet worden. Obwohl die Straße 1952 den Namen Donders-Ring erhalten hatte, war damals nicht geplant, einen Ausbau und eine Verlängerung der Ringstraße in diesem Bereich vorzunehmen. Erst Ende der 1960er Jahre gab es dann tatsächlich Pläne für einen vierspurigen Ausbau des Rings im südlichen Stadtbereich bis zum Anschluss an den Hansaring Nach massiven Bürgerprotesten gab man diese Pläne wieder auf.

Was bereits wenige Jahre später von den meisten Münsteranerinnen und Münsteranern als wenig gelungenes Bauwerk angesehen wurde, bezeichnete die Lokalpresse im Sommer 1959 als Architektur mit großstädtischem Gesicht. Die Rede ist von dem mit gelblichen Keramikplatten verkleideten Neubau der münsterischen Architekten Heinrich Benteler und Albert Wörmann an der Stelle des weitgehend kriegszerstörten Reichshofs zwischen der Bahnhofstraße und der Herwarthstraße. Neben einem Kino und dem Restaurant Reichshof befanden sich in dem Gebäude noch ein Geschäft, Wohnungen und Büroräume. Im September 2014 wurde es abgerissen, um dort ein Hochhaus mit 15 Stockwerken zu errichten.

Die Aufnahme zeigt die Weseler Straße im Oktober 1959 kurz vor der Kreuzung mit der Bonhoefferstraße links und dem Kappenberger Damm und dem Inselbogen rechts. An der in diesem Bereich breit ausgebauten Straße liegen links die Gebäude der Landespolizeischule Carl Severing, gegenüber Wohngebäude, eine heute noch bestehende Tankstelle und die Gaststätten An' Schlagbaum und Zum scharfen Eck. Die Wohnhäuser zwischen den Gaststätten wurden Anfang der 1960er Jahre errichtet. Das flache Gebäude der Gaststätte An' Schlagbaum wurde um das Jahr 2000 abgerissen.

Völlig anders sah die Weseler Straße hingegen im Oktober 1959 weiter stadtauswärts aus. Hier verengte sich die Fahrbahn der Bundesstraße 51 kurz vor der Tank- und Rastanlage Bismarck und ging in eine Landallee über. In den folgenden Jahren wandelte sich der Charakter mit dem Bau des münsterischen Autobahnanschlusses und dem Ausbau der Bundesstraße vollständig. Ein Stück der alten Weseler Straße ist allerdings heute noch erhalten: Es verläuft parallel zur jetzigen Straßenführung zwischen der Tankstelle und dem Abzweig der Weseler Straße am Beginn des Autobahnzubringers.

Nicht wenige Gebäude auf diesem Foto aus den späten 1950er Jahren haben sich bis heute erhalten. Dennoch fällt eine genaue Lokalisierung zunächst schwer, da sich die heutige Gesamtsituation vollständig verändert hat. Die rechts in der Bildmitte zu erkennende Neustraße gibt es nicht mehr: Sie verlief vor dem ehemaligen Gebäude des Heerde-Kollegs und dem Bistumsarchiv bis zum damaligen Firmengelände von Hobrecker & König. Dahinter sind noch die Wohn- und Geschäftsbebauung an der Georgskommende und gegenüber der Neubau der Landesversicherungsanstalt am Bispinghof zu sehen. Links im Vordergrund erkennt man das heute nicht mehr bestehende Gebäude der Bäckerei Hewing.

Dieses Foto lässt sich nur aufgrund des Juridicums am rechten Bildrand identifizieren. Im Vordergrund wird gerade die Universitätsstraße in Richtung Gerichtsstraße verlängert. In diesem Bereich wurde das historische Straßengefüge durch Verbreiterungen und Neuanlagen von Straßen am Ende der 1950er Jahre stark verändert. Dieser westliche Bereich der Altstadt ist wesentlich durch die zahlreichen Neubauten der Universität geprägt.

Auch diese Ende der 1950er Jahre entstandene Aufnahme macht deutlich, dass am Hansaring in Hafennähe viele Altbauten im Zweiten Weltkrieg nicht zerstört worden waren. Doch bereits kurze Zeit später wurde das Eckgebäude mit der Lebensmittelhandlung Wolske an der Einmündung der Papenburger Straße abgerissen. Mitte der 1960er Jahre befand sich anstelle des Altbaus ganz links schon wieder ein neues Wohnhaus. Rechts im Bild ist die Ruine des ehemaligen Hotels und Restaurants Haus Dorn zu erkennen.

Die anlässlich einer Prozession zur Erstkommunion entstandene Aufnahme hält den Drubbel Ende der 1950er Jahre fest. Viele Gebäude sind schon wieder aufgebaut, nicht wenige allerdings nur bis zu den Geschäftsräumen im Erdgeschoss. Manche wie etwa das Geschäft Betten-Bisping oder die Buchhandlung Baader wurden erst Jahrzehnte später in den oberen Etagen vollendet. Im Hintergrund ist die Ecke von Roggenmarkt und Neubrückenstraße zu erkennen, wo sich damals noch ein Trümmergrundstück und rechts daneben eine Fischhandlung in einem Behelfsbau befanden.

Die Bebauung im Kreuzungsbereich von Mauritzstraße, Winkelstraße und heutigem Alten Steinweg war im Zweiten Weltkrieg nahezu vollständig zerstört worden, und der Aufbau erfolgte in Etappen. Bis zum Ende der 1950er Jahre waren der Neubau von Burghoff & Köbbing ebenso wie das zwischen Promenade und Winkelstraße gelegene Wohn- und Geschäftshaus in voller Höhe aufgebaut. Das dazwischenliegende Gebäude der Gaststätte Lördemann war hingegen noch eingeschossig.

Das Ende der 1950er Jahre aufgenommene Foto gibt den Blick vom Platz der Weißen Rose auf den Neubau der Pädagogischen Akademie der Architekten Günter Behnisch und Bruno Lambart in Richtung Mecklenbeck wieder. Ein überdachter Gang verbindet das Hauptgebäude mit dem am rechten Bildrand gelegenen großen Hörsaal. Das damals der Ausbildung katholischer Lehrerinnen und Lehrer dienende Gebäude galt als wegweisendes Beispiel für den modernen Hochschulbau in der jungen Bundesrepublik.

Mit der Neuanlage der Straße Am Stadtgraben entstand am Ende der 1950er Jahre vor dem Aegidiitor dieser eigenwillige Anbau der Gärtnerei Adam mit dem markanten Kegeldach, in dem die Familie jahrzehntelang ein Blumengeschäft betrieb. Im Hintergrund sieht man Neubauten an der Georgskommende und rechts daneben das neue Gebäude der Landesversicherungsanstalt am Bispinghof.

Am Ende der 1950er Jahre entstand dieser Wohn- und Geschäftsbau an der Hafenstraße, der den gesamten Bereich zwischen der Süd- und der Graelstraße einnimmt. Trotz der einheitlichen Gestaltung gehörte das Gebäude verschiedenen Eigentümern, was sich heute deutlich an dem unterschiedlichen Modernisierungsstand auch an der Fassade ablesen lässt. Im Hintergrund sieht man links das noch im Bau befindliche Büro- und Wohnhochhaus auf dem ehemaligen Betriebsgelände der Firma Bernhard Levermann.

1960–1965

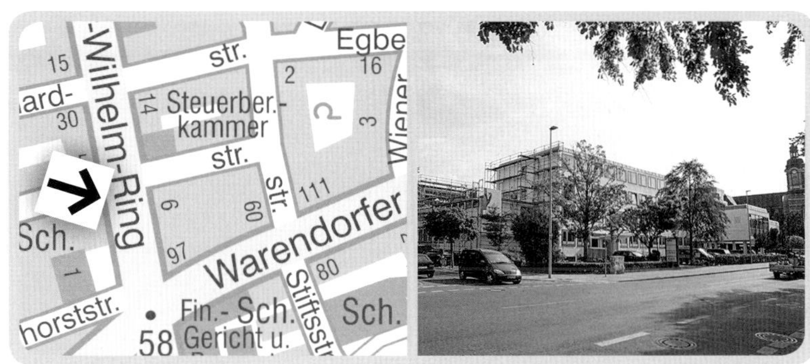

Der Neubau der Ärztekammer am Kaiser-Wilhelm-Ring steht beispielhaft für den recht gleichförmigen Typ quaderförmiger Verwaltungsbauten, die bundesweit in ähnlichen Formen errichtet wurden. Allerdings verleiht hier der rechts im Bild zu sehende große Sitzungssaal auf Stelzen dem Bau eine gewisse Individualität. Dieses Foto entstand nach der Fertigstellung in den frühen 1960er Jahren. Weitere Aufnahmen zeigen auch das Direktorenzimmer, das im altdeutschen Eichenstil eingerichtet war.

Das erste und lange Zeit einzige Gewerbegebiet Münsters lag im Bereich der städtischen Häfen. Im Sinne einer aktiven kommunalen Wirtschaftspolitik entstand dann seit den frühen 1960er Jahren im Süden der Stadt zwischen Bahngleisen und Kanal ein neues Industrie- und Gewerbegebiet. Das Foto zeigt das neue Firmengebäude des Lebensmittelgroßhandels Rewe an der Robert-Bosch-Straße, das damals noch recht allein auf weiter Flur lag.

Der Ausbau Gievenbecks beschleunigte sich seit den frühen 1960er Jahren erheblich. Zuvor waren zahlreiche Häuser für die britischen Besatzungstruppen errichtet worden. Mitunter entstanden – wie auf diesem Foto von 1963 zu sehen – neue Reihenhäuser neben noch bewirtschafteten Getreidefeldern. Man blickt hier vom Enschedeweg in Richtung Rüschhausweg auf die links an der Nordhornstraße errichteten Häuserreihen. Das Grundstück, auf dem der Fotograf stand, ist bis heute nicht bebaut.

Diese Anfang der 1960er Jahre entstandene Aufnahme gibt den Blick – wohl von der neuen Bahnhofsdirektion aus – auf den neu angelegten Bremer Platz wieder. Über der unmittelbar an die Bahngleise angrenzende Zeile mit zweigeschossigen Geschäftsbauten sieht man links die Wolbecker Straße. Das rechte Eckgebäude zum Sauerländer Weg ist nur bis zum Erdgeschoss wiederaufgebaut worden, während rechts am Bremer Platz fertiggestellte Neubauten stehen. Die Parkfläche zwischen Gleisen und Geschäftszeile besteht bis heute. Der ganz rechts zu sehende Wasserturm wurde hingegen in den 1960er Jahren abgerissen.

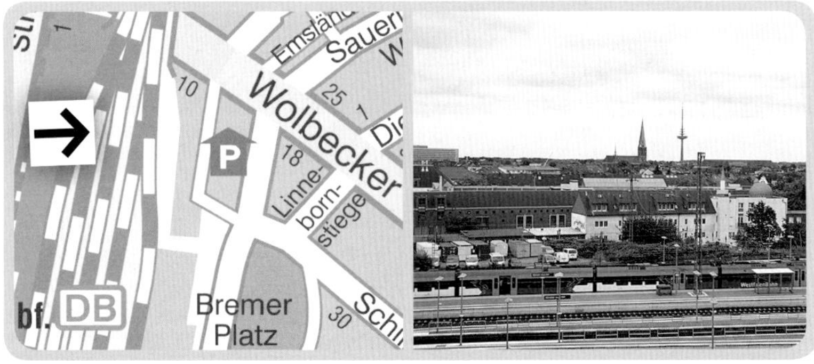

Neue Häuser an neuen Straßen: Überall in Münster wurden Wohnungen gebaut. In relativer Nähe zum Stadtzentrum entstanden Anfang der 1960er Jahre zwischen Kärntner Straße, Hohem Heckenweg und Schifffahrter Damm neue Wohngebiete. Das Foto zeigt den Fortschritt der Arbeiten an der Stettiner Straße: Rechts sind die Häuser zur Straße hin gerichtet, während auf der linken Seite die Wohngebäude als Zeilenbauten quer zur Straße orientiert sind.

Diese Aufnahme vom Anfang der 1960er Jahre zeigt den Blick von der Moltkestraße vor der Wehrstraße in Richtung Ludgeriplatz. Fast alle auf dem Foto zu sehenden Gebäude haben sich bis heute erhalten: Allerdings sind sie wegen hinzugekommener Neubauten nicht mehr so wahrnehmbar oder aber wie im Fall des markanten Gebäudes rechts der Bildmitte durch spätere Umbauten bis zur Unkenntlichkeit verändert. Im Hintergrund erkennt man den erst kurz zuvor vollendeten Neubau an der Ostseite des Ludgeriplatzes.

Die Gebäude auf diesem Foto aus den frühen 1960er Jahren von der Abzweigung der Andreas-Hofer-Straße von der Wolbecker Straße haben sich alle bis heute erhalten. Verändert haben sich die Höhe der Bäume und die Beschilderung, die die Andreas-Hofer-Straße damals noch als Anliegerstraße auswies. Die Wohnhäuser im Vordergrund und auch der erste Straßenabschnitt waren erst wenige Jahre zuvor angelegt worden.

Wo auf dem Anfang der 1960er Jahre aufgenommenen Foto die Autos parken, gibt es auch heute noch einen kleinen Parkplatz an der Ecke von Bült und Hörsterstraße. Man blickt rechts auf das Eckhaus zum Alten Fischmarkt, dessen Seitenfront und linkes Fassadendrittel heute noch erhalten sind, während der Rest der Vorderfront stark verändert wurde. Damals befand sich in dem Gebäude das Hotel am Stadttheater, und noch heute gibt es dort die Atelier-Bar. Ganz rechts im Bild ist noch der wenige Jahre später abgerissene Altbau der Deutschen Bank zu sehen.

Nach schweren Zerstörungen entstand nach dem Zweiten Weltkrieg an der Graelstraße dieses neue Wohnviertel. Die gegenüberliegende Straßenseite wartete Anfang der 1960er Jahre noch auf ihre Vollendung. Trotz des einheitlichen Aussehens gehörten die Wohnhäuser alle verschiedenen Eigentümern. Charakteristisch ist für diese Wiederaufbauviertel, dass die alte Blockbebauung mit recht großen Innenhöfen beibehalten wurde.

Die nach Plänen des münsterischen Architekten Harald Deilmann errichtete Lottozentrale an der Weseler Straße wurde im Sommer 1960 bezogen. Damit begann der Ausbau dieser Ausfallstraße als Standort für weitere Verwaltungsneubauten. Die Gebäudegruppe besteht aus drei unterschiedlich großen und hohen Teilen mit einer deutlich akzentuierten Hell-Dunkel-Kontrastierung der Fassaden. Schon zur Eröffnung stand neben dem Eingang die Skulptur Traum II von Bernhard Heiliger, damals allerdings noch in einem Wasserbecken.

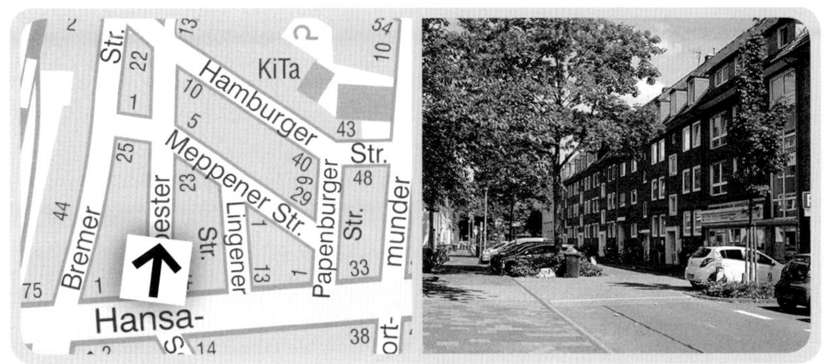

So sah die typische Neubaustraße in der münsterischen Innenstadt aus. Drei- bis viergeschossige Häuser in schlichter und unauffälliger Fassadengestaltung reihen sich aneinander. Dieses um 1960 aufgenommene Foto zeigt die Soester Straße. Im Hintergrund erkennt man das Gebäude des Aschendorff Verlags. Auffällig an den Fotos dieser Jahre ist, dass immer wieder Lücken die Neubaureihen unterbrechen und nur wenige Autos am Straßenrand parken.

Obwohl die Gebäude auf diesem um 1960 aufgenommenen Foto alle heute noch bestehen, fällt die Lokalisierung wegen der veränderten Situation links im Vordergrund nicht ganz leicht. Der Fotograf stand auf der Hermannstraße und blickte auf die Moltkestraße. Bei den zu sehenden Gebäuden handelt es sich um Neubauten etwa aus der Mitte der 1950er Jahre.

Seit 1951 fand der münsterische Send wieder auf dem heutigen Schlossplatz statt. Das um 1960 aufgenommene Foto gibt den Blick in Richtung Frauenstraße und links im Hintergrund die Überwasserkirche wieder. Die zur Stadt gelegene Straßenseite war in diesem Abschnitt im Zweiten Weltkrieg vollständig zerstört worden. Das Gebäude rechts der Frauenstraße war Mitte der 1950er Jahre fertiggestellt worden. Es erlangte später eine gewisse Berühmtheit, da hier der münsterische Rechtsanwalt Paul Blomert einer Schussverletzung erlag. Blomert war Sozius in der in demselben Haus ansässigen Rechtsanwaltskanzlei des münsterischen Oberbürgermeisters Busso Peus. Wegen der Zweifel an der offiziellen Version eines Unfalls als Todesursache begann eine jahrelange juristische Auseinandersetzung.

Zum neuen Münster gehörten auch neue Straßen für den stark wachsenden Verkehr. Zu einem der wichtigsten Verkehrsprojekte zählte die sogenannte Umgehungsstraße von der Weseler Straße bis zur Warendorfer Straße. Im März 1960 konnte man in dem Abschnitt bis zur Hammer Straße noch gemütlich spazieren gehen. Grund hierfür war eine Planänderung im Bereich des Kappenberger Damms. Hier wurde statt der zunächst vorgesehenen Kreuzung eine Überführung errichtet, deren Bau allerdings die Inbetriebnahme der fertiggestellten Umgehungsstraße verzögerte.

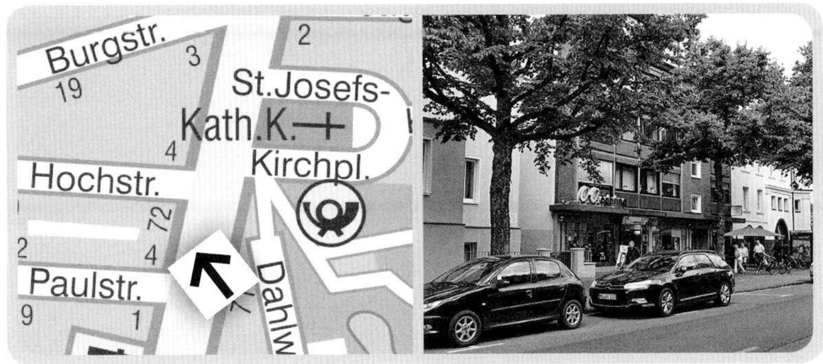

Auf einem Trümmergrundstück zwischen zwei erhaltenen Altbauten wurde im März 1960 dieses neue Wohn- und Geschäftshaus an der Hammer Straße zwischen Hoch- und Paulstraße fertiggestellt. Im Hintergrund erkennt man das markante Gebäude der Kronen-Apotheke. Ob sich das Gebäude, wie es damals in der Presse hieß, „vorteilhaft in den gesamten Straßenzug" einpasst, mag dahingestellt bleiben. Die heute geschlossene Bauflucht zur Kronen-Apotheke wurde erst nachträglich hergestellt.

Sicherlich auch wegen der Nähe zu den Bahngleisen war dieser Bereich um den Friedrich-Ebert-Platz im Zweiten Weltkrieg weitgehend durch Bomben zerstört worden. Das Foto zeigt den Stand der Wiederaufbauarbeiten an der Abzweigung der Theißingstraße im März 1960. Die Fußball spielenden Jungen machen deutlich, dass die Arbeiten an der Theißingstraße noch nicht abgeschlossen waren. Das in der Bildmitte zu sehende Wohn- und Geschäftshaus zeigt heute eine stark veränderte Fassade.

Im Mai 1960 hatte unter großer Anteilnahme der münsterischen Bevölkerung die Grundsteinlegung für den Wiederaufbau des jüdischen Gemeindezentrums auf dem Gelände des alten, von den Nationalsozialisten zerstörten Gotteshauses stattgefunden. Im März 1961 konnte die jüdische Gemeinde ihren ersten Gottesdienst in der neuen Synagoge an der Klosterstraße feiern. Architekt war Helmut Goldschmidt, der mehrere jüdische Gemeindezentren in Westdeutschland errichtete. 2012 erfolgte wegen der gewachsenen Gemeinde ein Ausbau des Zentrums. Seitdem hat die Gemeinde erstmals nach der Shoah wieder einen eigenen Rabbiner.

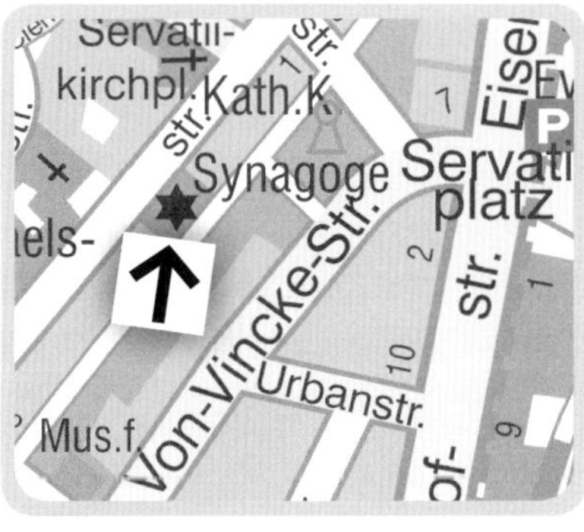

Das Foto hält den Stand der Ausschachtungsarbeiten für das Oberverwaltungsgericht an der Aegidiistraße im Sommer 1960 fest. Mit Ausnahme weniger Gebäude an der kleinen Gasse zwischen Rothenburg und Lütke Gasse, auf die man hier links blickt, war in diesem Bereich die Vorkriegsbebauung zerstört worden. Durch den Bau des im Jahr 1963 fertiggestellten Gerichtsgebäudes lässt sich heute kein vergleichbarer Blick mehr erzielen.

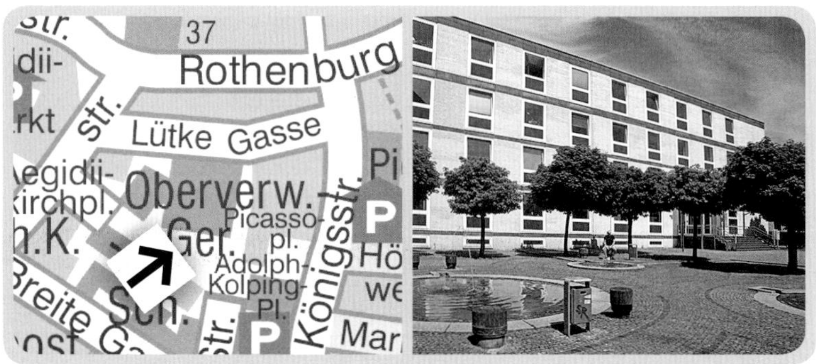

Im Sommer 1960 war die Tiefgarage unter dem heutigen Stadthaus I fertiggestellt. Der Syndikatplatz verlor erst allmählich im Lauf der nächsten Jahrzehnte seinen Hinterhofcharakter. Damals blickte man noch auf Ruinenreste der Vorkriegsbebauung, die wenig später durch die Erweiterung des Hauses Niemer bis zur Syndikatgasse beseitigt wurden. Die Parkplätze erfreuten sich allerdings bei der Bevölkerung großer Beliebtheit: Zentraler konnte man in der Tat kaum parken.

Am rechten Rand dieses im August 1960 aufgenommenen Fotos blickt man vom Friesenring entlang der Görresstraße in Richtung Süden. Die links anschließende Fläche zur Wienburgstraße ist zu diesem Zeitpunkt noch weitgehend unbebaut. Deutlich zu erkennen ist ein alter Feldweg, der heute ein Teil der Finkenstraße ist. Eine Überbauung erfolgte erst mit der Realschule im Kreuzviertel Mitte der 1960er Jahre und der Bebauung der verlängerten Finkenstraße seit den späten 1960er Jahren. Im Hintergrund erkennt man die Türme der Kreuz- und der Lambertikirche, des Doms und der Überwasserkirche.

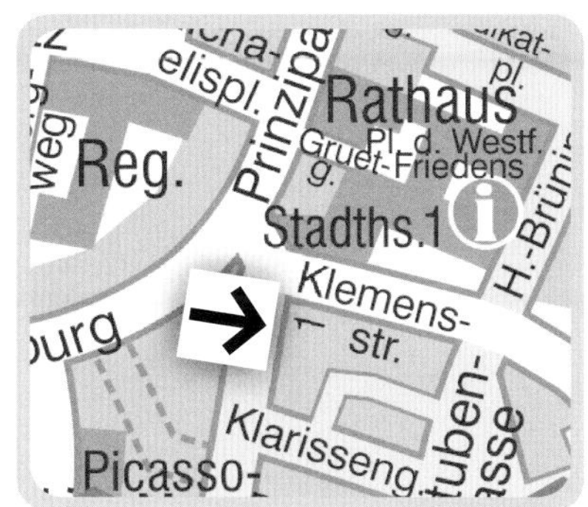

Im Herbst 1960 begannen die Abrissarbeiten der alten Stadtkasse an der Ecke von Ludgeri- und Klemensstraße. Um mehr Platz für den geplanten Kaufhausneubau zu schaffen, wurde auch das im Krieg teilzerstörte Hotel Beiderlinden abgerissen. Man blickt von der Ludgeristraße aus in den Innenbereich zwischen der Klemensstraße am linken Bildrand und frontal auf die Stubengasse. Dahinter erkennt man die Reste des alten Clemensklosters und die Laterne der wiederaufgebauten Clemenskirche.

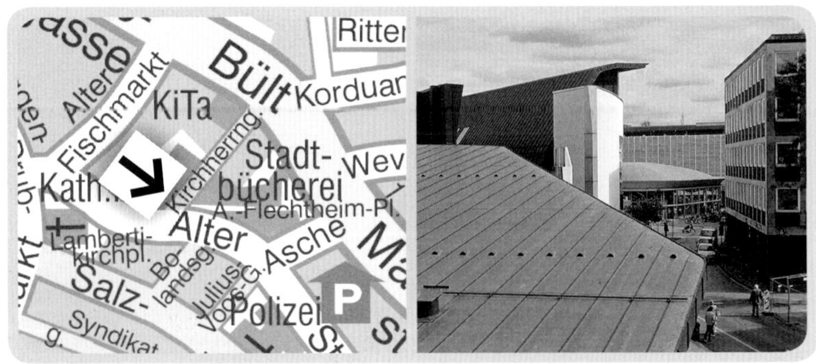

Am Ende des Jahres 1960 war dies der Blick über den Alten Steinweg in Richtung Kiffe-Pavillon. Der noch etwas provisorisch wirkende Parkplatz im Vordergrund befindet sich auf dem Trümmergrundstück zwischen Kirchherrngasse und Asche. Der Hinterhofcharakter dieses innerstädtischen Bereichs änderte sich erst mit den Neubauten der 1993 eröffneten Stadtbücherei und des 2009 fertiggestellten Parkhauses.

Im Winter 1960/1961 war dies der heute ungewöhnlich wirkende Blick von der Klemensstraße in Richtung Ludgeristraße. Neben dem giebelständigen Haus links erhob sich wenig später der Neubau des Kaufhauses Horten. Dahinter blickt man auf das gerade erst fertiggestellte Gebäude an der Ecke zwischen Ludgeristraße und Rothenburg, die im Volksmund nach dem ehemals dort befindlichen gleichnamigen Lebensmittelgeschäft die Bezeichnung Anna-Koene-Ecke trug. Rechts im Vordergrund ist der eingeschossige Behelfsbau zu sehen, in dem bis in die frühen 1980er Jahre eine Reinigung untergebracht war.

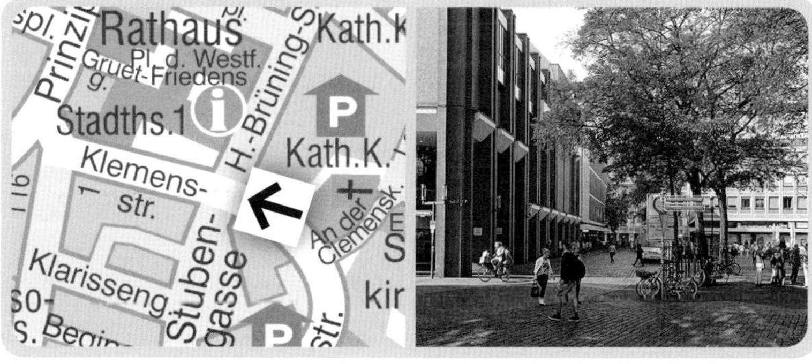

Gleichzeitig vertraut und fremd wirkt diese Aufnahme der Hafenstraße in Richtung Bahnunterführung aus dem Jahr 1961. Die Gebäudesituation im Hintergrund hat sich bis heute kaum geändert. Auch das Wohnhaus links und die Gebäude rechts haben sich bis heute erhalten. Lediglich die Lokschuppen in der Bildmitte wurden 2009 abgerissen. Die Irritation entsteht vor allem durch die Esso-Tankstelle rechts, an deren Stelle sich heute ein Halte- und Warteplatz für Busse befindet. Auch die Baulücke neben dem Wohnhaus ganz links wurde bald geschlossen.

Im März 1961 eröffnete am Prinzipalmarkt der Herrenausstatter Grümer eine der ersten Passagen in der münsterischen Innenstadt. Zwar noch von überschaubarer Größe, doch mit römischem Travertinmarmor ausgestattet, wurde damit deutlich, dass die frühe Wiederaufbauphase einer ersten Modernisierungswelle unterzogen wurde. Für die münsterische Bevölkerung bot diese Schaufensterpassage einen willkommenen Schutz vor Regen und Wind.

Am 12. März 1961 feierte die jüdische Gemeinde in Münster ihren ersten Gottesdienst in der neuerrichteten Synagoge an der Klosterstraße. Das neue Gemeindezentrum entstand an der Stelle, an der sich bis zur Pogromnacht am 9. November 1938 die alte Synagoge befunden hatte. Die Inschrift über dem Eingang „Mein Haus ist ein Bethaus für alle Völker" begrüßte bereits an der alten Synagoge die Eintretenden. Bei seiner Begrüßung in Anwesenheit zahlreicher Ehrengäste hob Siegfried Goldenberg, der Vorsitzende der jüdischen Gemeinde, hervor, dieser Tag sei für die Juden in Münster ein Tag stolzer Freude, aber in diese Freude würden sich Trauer und Wehmut mischen angesichts derer, die diesen Neubeginn nicht mehr erleben durften.

Im Sommer 1961 war dies der Blick über die Bahnsteige des münsterischen Hauptbahnhofs in Richtung Süden. Die Dampfschwaden im Hintergrund verdeutlichen, dass die Lokomotiven meist noch mit Kohlen befeuert wurden. Im Zentrum der Aufnahme steht die markante Architektur der Bahnsteigüberdachungen. Ein Mittelpfeilersystem trägt die Konstruktion des Schmetterlingsdachs. Die Arbeiten am linken Bahnsteig gehörten zu den letzten der gesamten Baumaßnahme für den neuen münsterischen Hauptbahnhof.

Die beiden rechten Hochhäuser am Aasee waren bereits bezogen, während am linken noch gearbeitet wurde. Es war auch das einzige, das über Balkone verfügte. Insgesamt befanden sich in den drei zwölfgeschossigen Hochhäusern über 300 Appartements und Wohnungen. Architekt und Eigentümer war Carl-Friedrich Sommer. Spannend ist aber die Frage, auf welcher Straße die Autos parken. Wegen des Blickwinkels auf die Hochhäuser muss es sich um eine kleine Stichstraße zwischen der Huber- und der Goerdelerstraße handeln, die 1961 noch unbefestigt war.

Bis heute heißt die kleine Grünanlage zwischen Promenade und Bahnhof nach dem ehemaligen Besitzer Engelenschanze. Das dort errichtete Herrenhaus blieb nach Bombentreffern über 15 Jahre ein trauriges Überbleibsel des Zweiten Weltkriegs. Obwohl vielfach aus der Bürgerschaft ein Wiederaufbau angeregt wurde, begann im Juli 1961 der Abriss der Ruine. Sie musste dem Straßendurchbruch zwischen der Von-Vincke-Straße und der Schorlemerstraße weichen. Vor der Kriegszerstörung hatte das Gebäude als Erholungsstätte für alte und kranke Clemensschwestern gedient.

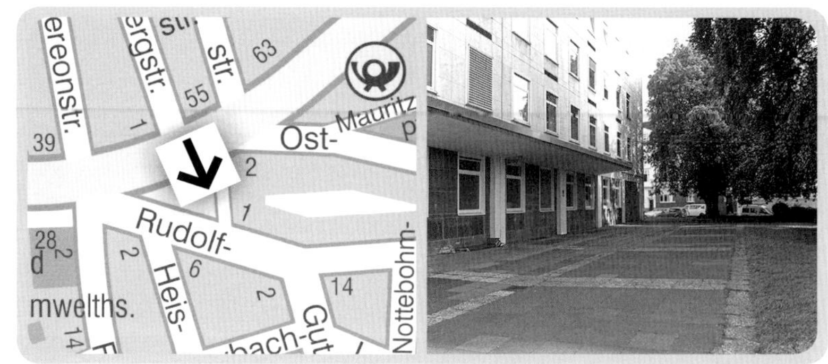

Um 1962 entstand diese Aufnahme der Bauarbeiten für das neue Fernmeldeamt an der Oststraße. Im Hintergrund der Aufnahme sieht man Alt- und Neubauten an der Rudolfstraße. Das in mehreren Bauabschnitten errichtete großflächige Fernmeldeamt wurde am 1. Juli 1966 offiziell übergeben.

Nach der Kriegszerstörung war das Clemenshospital zunächst in Provisorien und danach über zehn Jahre im ehemaligen Standortlazarett am Kalkmarkt untergebracht, bevor 1962 der neue Krankenhausbau am Düesbergweg bezogen werden konnte. Über 500 Betten waren in diesem in der Presse als „Krankenhaus mit Kurhaus-Atmosphäre" beschriebenen vielgliedrigen Komplex untergebracht. Das Foto zeigt vorne das damalige sogenannte Isolierhaus und dahinter die zum Düesbergweg gerichtete Krankenhausfassade.

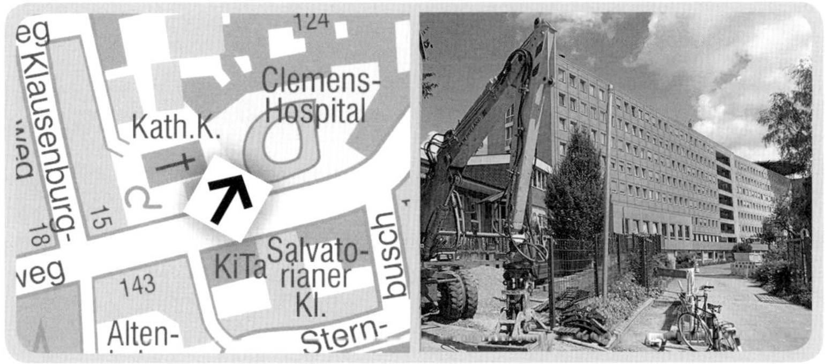

Im Zug der Bebauung der Roxeler Straße (links) und der Von-Esmarch-Straße (rechts) wurde auch das Coesfelder Kreuz ausgebaut. Von der heutigen Dimension war man im Februar 1962 allerdings noch weit entfernt. Die evangelische Lukaskirche war am 1. Oktober 1961 geweiht worden. Mit dem Martin-Luther-Haus (links der Kirche) und der evangelischen Volksschule (rechts der Kirche) hatte dieser Bereich zwischen Roxeler Straße und Von-Esmarch-Straße ein völlig neues Gesicht erhalten.

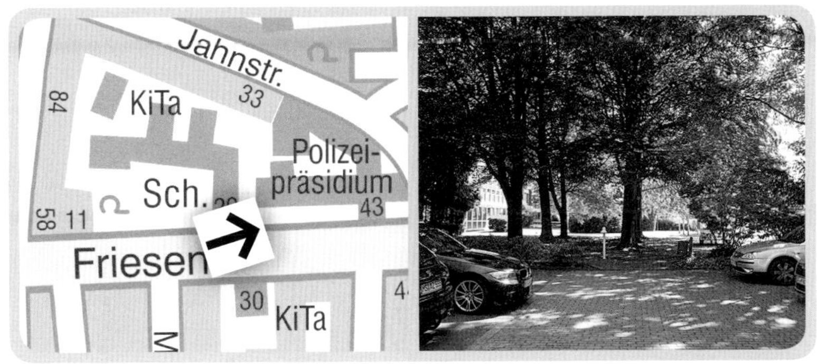

Das im Februar 1962 aufgenommene Foto zeigt die neue Polizeidirektion am Friesenring wenige Monate vor ihrem Bezug. Die Arbeiten an dem 1958 begonnenen Bau mussten wegen eines von Anliegern angestrengten Prozesses ein Jahr lang unterbrochen werden. Wichtig für die Funktion war natürlich der Ausbau der Ringstraße in diesem Bereich.

Einen ungewohnten Anblick bietet dieses Foto vom März 1962. Im Hintergrund steht das von dem renommierten Architekten Friedrich Wilhelm Kraemer entworfene Hochhaus der Iduna-Germania-Versicherung am Servatiiplatz. Der zweigeschossige Ladenpavillon im Hintergrund ist hingegen noch nicht bezogen, während der Pavillon des Verkehrsvereins bereits für den bevorstehenden Abriss leergeräumt war. Das Iduna-Hochhaus erregte wegen seiner für Deutschland sehr frühen Konstruktion mit der vorgehängten Fassade aus Aluminium und Glas auch außerhalb Münsters Aufsehen.

Zum ersten Spatenstich haben sich diese Herren im Juli 1962 auf einem Grundstück am Anfang der Aegidiistraße versammelt. Hier errichtete der Katholisch-Kaufmännische Verein Hansa einen Gebäudekomplex mit Wohnungen, Vereinsräumen und Gaststätte. Bereits ein Jahr später konnte Richtfest gefeiert werden. Links daneben liegt der große Aegidiiparkplatz auf dem ehemaligen Kasernengelände, und im Hintergrund erkennt man das neue, zu diesem Zeitpunkt noch nicht vollständig fertiggestellte Gebäude des Oberverwaltungsgerichts.

Das neue Münster entstand nicht nur im Hochbau, sondern auch im Straßenbau. Bis zum Zweiten Weltkrieg waren auch die großen Straßen in Münster mit Pflastersteinen versehen. Mitte der 1950er Jahre wurden vielbefahrene Straßen dann mit neuen Teerdecken ausgebaut. Ärgerlich war es, wenn wenige Jahre später – wie hier auf dem Bild von Anfang März 1963 von der Kreuzung Hohenzollernring und Wolbecker Straße zu sehen – die Straße wegen eines Wasserrohrbruchs erneut aufgerissen werden musste.

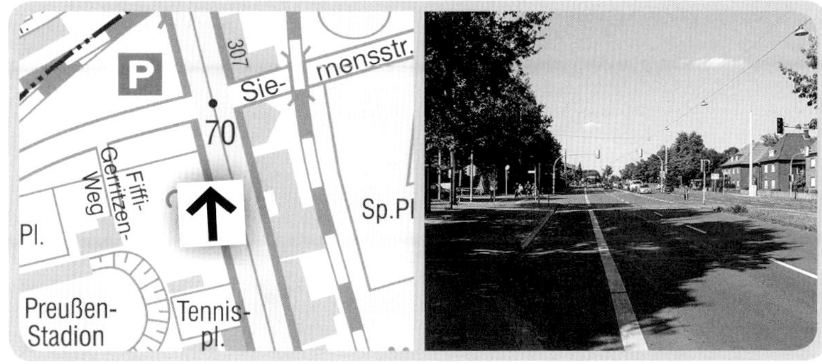

Die ältere Bevölkerung wird dieses Bild noch vor Augen haben, wenn sie die Hammer Straße im Bereich des Preußen-Stadions stadteinwärts fährt. So sah es dort im April 1963 aus, und der Blick änderte sich in den nächsten Jahrzehnten nur wenig. Die rechts zu sehenden Häuser gibt es bis heute, das links stehende Gebäude wurde in den 1980er Jahren abgerissen. Das Grundstück ist immer noch unbebaut.

Im Sommer 1963 begannen die Vorarbeiten für den Neubau des Finanzamts Münster-Land an der Friedrich-Ebert-Straße. Das Foto zeigt die große Freifläche zwischen Annen- und Blücherstraße. Im Hintergrund blickt man auf die Wohnbebauung an der Ostseite der Friedrich-Ebert-Straße. Die ganz links im Bild zu sehenden wiederaufgebauten Wohnhäuser Nr. 39 und 41 gehörten bis zur Enteignung durch die nationalsozialistischen Machthaber der Konzentration Aktiengesellschaft, deren Eigentümer die Sozialdemokratische Partei Deutschlands war. Nach dem Krieg war die ebenfalls der SPD gehörende Westfälische Verlagsgesellschaft in Dortmund neue Eigentümerin der Gebäude, in denen sich auch das Parteibüro des Unterbezirks Münster befand. Die rechts anschließenden Häuser wurden bis zum Beginn der 1960er Jahre wiederaufgebaut.

Mit dem Ausbau des Klinikums wurden auch immer mehr Wohnungen für Krankenschwestern benötigt. So entstand an der heutigen Domagkstraße in mehreren Bauabschnitten eine ganze Reihe von sogenannten Schwesternhäusern. Der Neubau, dessen Richtfest im Sommer 1963 gefeiert wurde, musste später dem Ausbau des heutigen Rishon-le-Zion-Rings weichen, während das links im Foto zu sehende Gebäude heute noch vorhanden ist. Im Hintergrund schaut man auf die rückseitige Bebauung der Hittorfstraße.

Im Juni 1963 begannen die Arbeiten für den Neubau des Landesmuseums für Vor- und Frühgeschichte an der Rothenburg, der 1970 eröffnet wurde. Das heutige LWL-Museum für Archäologie befindet sich seit 2003 in Herne. Der Bau an der Rothenburg wurde 2009 abgerissen, und an seiner Stelle befindet sich heute ein Teil des LWL-Museums für Kunst und Kultur. Die links im Foto zu sehenden Gebäude gehören zum Borromäum, rechts ist die anschließende Bebauung an der Rothenburg zu sehen.

Der gerade erst fertiggestellte Durchbruch des letzten Abschnitts der Friedrich-Ebert-Straße bis zur Hammer Straße hatte im Herbst 1963 ein völlig neues Straßenbild geschaffen. Über Jahrzehnte befand sich dort das Betriebsgelände der Bauunternehmung Joh. Weinrich Nachf., wo die Firma seit 1924 ansässig war. Anfang der 1990er Jahre wurde zunächst der linke Teil für ein neues Wohn- und Geschäftshaus abgerissen, einige Jahre später folgte dann auf der Ecke der beiden Straßen der Neubau eines elfgeschossigen Bürohauses mit ovalem Grundriss.

Das um 1965 vom im Bau befindlichen Heizkraftwerk aufgenommene Foto hält den Ausbau Coerdes im Bereich der Königsberger Straße kurz vor der Kanalbrücke fest. Links im Bild erkennt man das Punkthochhaus mit der Hausnummer 136 und die umliegenden, in der Höhe gestaffelten Wohnungsbauten. Entgegen der ursprünglichen Planung wurde die Wohndichte in dem neuen Stadtteil, der in nur wenigen Jahren von 1962 bis 1970 fertiggestellt wurde, mehrfach erhöht. Zunächst war auch eine strenge Trennung von Wohngebiet und umgebender Landschaft geplant.

Der von dem Essener Architekten Heinz Ruhl entworfene Aaseemarkt sollte der Versorgung des ersten vollständig neuen Stadtteils dienen. Der Komplex umfasste dreißig Geschäfte, Werkstätten und Dienstleistungsbetriebe, ein Bürogeschoss sowie 24 Eigentumswohnungen. Der Aasseemarkt wurde mehrfach verändert, bislang vor allem im südlichen Bereich. Das um 1965 aufgenommene Foto zeigt den Blick von der Von-Witzleben-Straße auf den im Bau befindlichen Geschäftstrakt, mit dessen Abriss und Neubau in Kürze begonnen werden soll.

Ende 1965 entstand dieses Foto vom heutigen Schlosspatz auf das im Rohbau fertiggestellte neue Hörsaalgebäude. Rechts im Vordergrund sieht man die Arbeiten am Fußgängertunnel unter der Straße, der nach seiner Eröffnung im Jahr 1967 aber nie von Studierenden und Bevölkerung im erwünschten Umfang genutzt und schließlich 1997 wieder geschlossen wurde. Das Hörsaalgebäude, dessen Architekturstil den bezeichnenden Namen Brutalismus trägt, markiert in aller Deutlichkeit das Ende der Nachkriegszeit und den Beginn einer bis dahin in Münster unbekannten Moderne.

Auf den ersten Blick kann man sich fragen, ob dieses Foto tatsächlich in Münster aufgenommen wurde. Schon bald nach der Aufnahme von der Mitte der 1960er Jahre veränderte sich das Aussehen am Beginn der Steinfurter Straße vollständig. Man blickt stadteinwärts auf die linke Straßenseite. Das große Gebäude in der Mitte war die Betriebsstätte der Walzenmühle und Kornbrennerei Ernst Hölscher, die im Januar 1967 einem modernen Neubau von Eiqentumswohnunqen weichen musste. In den frühen 1970er Jahren folgte dann der Abriss der rechts anschließenden Altbauten. Die Tankstelle wurde bald nach der Betriebseinstellung Mitte der 1970er Jahre abgerissen. Eine neue Bebauung erfolgte erst in den 1990er Jahren.

Literaturhinweise

Architektur + Stadtplanung. 50 Jahre Wiederaufbau und Stadtentwicklung 1945–1995 Münster. Dokumentation vom VII. Bauforum, Münster 1995.

Austermann, Heinrich, Provinzialhauptstadt Münster/Westf. Verwaltungsbericht 1945–1954, ohne Ort/Jahr [Münster 1955].

Austermann, Heinrich, Provinzialhauptstadt Münster/Westf. 1955–1960, ohne Ort/Jahr [Münster 1961].

Becker, Wibke/Haunfelder, Bernd/Schollmeier, Axel, Die Wunderjahre. Münster in Fotos 1950 bis 1958, Münster 2006.

Einwohnerbuch der Stadt Münster (Westf.), 1950, 1953, 1956, 1959, 1962/1963, 1965/1966, Münster.

Gutschow, Niels/Stiemer, Regine, Dokumentation Wiederaufbau der Stadt Münster 1945–1961, Münster 1982.

Haunfelder, Bernd, Münster. Die Nachkriegszeit 1945–1965. Bilder und Chronik, Münster 1993.

Haunfelder, Bernd/Schollmeier, Axel, Die fetten Jahre. 1957 bis 1968 in Fotos von Willi Hänscheid, Münster 2004.

Hoss, Karl, Das Schulwesen der Stadt Münster 1945–1976, Münster 1979.

Provinzialhauptstadt Münster/Westf. 1961–1966. Bericht des Oberstadtdirektors, Münster 1967.

Schiel, Regine/Schollmeier, Axel, Das untergegangene Münster, Münster 2013.

Richard-Wiegandt, Ursula, Das neue Münster. 50 Jahre Wiederaufbau und Stadtentwicklung 1945–1995, Münster 1996.

Abbildungsnachweis

Joachim Bruun, Münster: S. 26–28, 43, 58 (Gustav Schröter)

Tono Dreeßen, Münster: S. 22, 131–132, 150

Fritz Köbbing, Münster: S. 52

Eva Kellner, Münster: S. 39

Stadtmuseum Münster: S. 11 (Ernst Hausmann), 23–25, 29–32, 34–35, 37–38, 40–42, 44, 53–54, 57, 63, 69, 71, 82, 113–114, 148/151 (Christoph Bathe); Schenkung Hermann Badberg: S. 129; Sammlung Hänscheid: S. 4, 9–10, 12, 14, 15–21, 36, 45–51, 55–56, 59–62, 64–68, 70, 73–81, 83–112, 115–127, 130, 133–147, 149, 152–165; Sammlung Klose: S. 33, 72, 128; Vergleichsfotos Robin Thier: S. 22–165 mit Ausnahme von S. 97–98 (Leia Bourichter) und 50, 60, 142, 158–159, 164 (Jenny Johne)

Vermessungs- und Katasteramt der Stadt Münster, Amtlicher Stadtplan der Stadt Münster, Stand 2015, vervielfältigt mit Genehmigung vom 7.7.2015, Kontrollnummer: 6222.296.15: Kartenausschnitte S. 22–165

Impressum

Titelgestaltung, Satz: Markus Bomholt, Münster

Verlag: Aschendorff Verlag GmbH & Co. KG, Münster

Printed in Germany

ISBN 978-3-402-13195-4